산마루
묵상 2

산마루묵상 2

펴낸날 | 2011. 1. 10

지은이 | 이주연
펴낸이 | 임후남

진　행 | 이선일
디자인 | 애드디자인
출　력 | 아이앤지
인　쇄 | 백왕인쇄

펴낸곳 | 생각을담는집
전　화 | 서울시 양천구 목동 917-9 현대 41타워 3903
전　화 | 편집 070-8274-8587 영업 02-2168-3787
팩　스 | 02-2168-3786
전자우편 | mindprinting@hanmail.net

ⓒ 이주연, 2010, Printed in Seoul, Korea
이 책의 판권은 지은이와 생각을담는집에 있습니다.
양측의 서면 동의 없는 무단 전재 및 복제를 금합니다.

ISBN 978-89-963899-7-2

이 도서의 국립중앙도서관 출판시도서목록(CIP)은
e-CIP 홈페이지(http://www.nl.go.kr/ecip)에서 이용하실 수 있습니다.
(CIP제어번호: CIP2010004813)
책값은 뒤표지에 있습니다.

* 잘못 만들어진 책은 구입하신 곳에서 교환해드립니다.
* 이 책의 수익금 일부는 '산마루해맞이학교(노숙인대학)'를 위한 기금으로 쓰입니다.

산마루 묵상 2

글 | 이주연

이른 새벽 깨어나 귀를 기울여 주신

기독교방송 산마루묵상 가족과

산마루묵상 1집을 읽고

깊은 영적 공명을 함께한 분들께 바칩니다.

이주연과 《산마루 묵상》을 평하며

'욕망의 에스컬레이터'에서 내려와 기도의 에스컬레이터로 갈아타라!

간디의 《날마다 한 생각》이 떠오른다. 간디는 아내를 잃고 상심에 빠진 힝고라니라는 제자를 위해, 아니 그가 요청하여 매일 한 모금씩 2년여 동안 편지를 보냈는데, 그 글들을 모은 것이 《날마다 한 생각》이다.

《산마루 묵상》에는 간디의 글과 좀 다르면서도 비슷한 모습이 있다. 《산마루 묵상》은 CBS 방송을 통해 5년간 매일 새벽에 '음성'으로 들려진 메시지다. 낭독의 시간인 새벽녘에 깨어 있는 자만이 들을 수 있었다. '읽음'이 아니라 '들음'의 사건이 매일 발생했다. 기업의 사장님이 들었고, 국도변의 청소 미화원이 들었고, 말기 폐암 환자도 들었다. 청와대 경호실 요원들이 들었고, 불자들도 귀를 기울였다. 교수님들도 듣고 교회의 집사님들도 들었다. 그리스도교 영성을 리드하는 개신교 목사님들과 신부님들도 들었다. 1,500회가 넘도록 방송되었던 내용 중 일부라도 글로 대하고 싶다는 청취자들의 요청으로 마침내 《산마루 묵상》이 나온 것이다.

어떤 종류의 글이건, 좋은 글은 새로운 생각을 일으키는 힘이 있다. 생각을 일으킨다는 것은 잠자고 있는 자를 깨운다는 것이다. 자꾸 묵상하게 만든다. 자꾸 생각하게 만든다. 그래서 살아 있는 글은 더 이상 어제의 글로 남아 있는 법이 없다. 좋은 글은 생명력이 있기 때문에 제자리에 있질 못한다.

이주연은 글재간이나 말재간으로 사는 자가 아니다. 조선백자같이 텁텁하다. 무광의 소박한 《산마루 묵상》 표지도 그렇게 그를 닮은 것 같다.

나는 《산마루 묵상》을 읽고 그 안에서 들리는 메시지를 크게 두 가지로 요약할 수 있었다. '쉽시다! 쉬어야만 이룰 수 있습니다!' 는 것, '사랑합시다! 사랑하면 모든 것을 이루는 것입니다!' 는 것이다. 이 보다 더 근본적인 삶의 지혜는 없을 것 같다.

《산마루 묵상》은 계속 이어진다. 쉬기 위해서는 멈추어야 한다. 홀로 서야 한다. 내려놓아야 한다. 침묵해야 한다. 들어야 한다. 그리고 자신을 돌보아야 한다.

멈춤, 섬, 내려놓음, 말없음, 들음, 돌봄, 쉼이 있는 자여야 부산스럽지 않을 수 있다. 쫓기지 않을 수 있다. '무위라는 텅 빈 공간에서 숨을 풀어 볼' 수 있다. '욕망을 짜깁기해 놓은 손때 묻은 스케줄' 에서 벗어날 수 있다. '어둠을 어둠 그대로 보는 투명한 눈' 이 될 수 있다. '그리스도를 발견하게 되는 깊이 있는 눈' 이 될 수 있다. '작은 자들을 위하여 자신의 주머니를 털 수 있는 마음'이 될 수 있다. '흙과 같은 온유와 겸손의 성품'이 될 수 있다. 그래서 사랑할 수 있다.

사실 쉼이란 치열한 생명의 운동이 없으면 불가능한 일이다. 쉼이 있어 참 숨을 들이마신다. 뛰면서 마시는 숨과 다르다. 멈추어 서서 모든 것을 내려놓고 침묵 가운데 안에서 울려오는 소리를 들으며 상처 입은 자아, '욕망과 두려움 사이에서' 홀로 쫓기고 있는 자아를 돌보기 시작하면 생기를 마시게 된다. 마침내 참 기도의 사람이 된다.

《산마루 묵상》이 그리는 이상적 삶의 모습은 예수님같이 뒤로 물러서서 산으로 들어가 기도하는 것이다. 이제 그는 행함보다 말이 앞서지 않으며, 기도보다 행함이 앞서지 않는다. 그의 삶 자체가 기도가 된다.

《산마루 묵상》은 삶의 본질을 관조하도록 요구하지 않는다. 오히려 겉보기의 차분한 분위기와 달리 매우 치열하다. 순종과 포기, 선택과 결단, 말과 행동, 이김과 겨룸, 실패와 성공 사이에 있는 터프한 인간의 실존이 몸부림친다. 《산마루 묵상》은 그러한 삶의 실존 가운데서 기뻐해야 하고, 구원을 선포해야 하고, 생명을 노래해야 하는 창조주의 물러서지 않는 의지 앞에 서 있는 나를 발견토록 한다.

《산마루 묵상》은 우리에게 어떻게 살 것인지를 말한다.

"우리의 가슴속에는 추운 세상을 따뜻하게 살아가도록 이미 하나님께서 사랑의 땔감을 준비해 주셨습니다. 우리의 가슴속 창고를 열고 사랑의 불을 지피십시오. 이 세상 모든 사람을 연인으로 삼으십시오."

세인의 처세술을 말하는 것과 얼마나 거리가 먼가?

"성공과 실패는 삶의 각기 다른 측면일 뿐, 그 모두 무엇과도 바꿀 수 없는 값진 삶의 한 부분입니다."

이쯤 되면, 거듭난 자의 삶이 무엇인지 좀 가늠할 수 있을 것 같다.

현대인에게 구원은 곧 쉼이다. 쉼 없는 구원, 쉼 없는 하늘나라는 없다. 쉼의 그리스도교적 표현은 "십자가 그늘 아래 나 쉬기 원하네… 이 광야 같은 세상에 늘 방황할 때에 주 십자가의 그늘에 내 쉴 곳 찾았네"(찬송 415장)이다. 산마루 묵상이 있는 곳도 바로 그 나무 십자가 아래에서이다.

《산마루 묵상》은 궁극적으로 예수의 영성에로 초대하는 마중물이다. 예수께서 광야에서 보여주신 비움과 홀로 있음의 영성, 십자가에서 보여주신 내려놓음과 내어맡김의 영성, 그리고 부활을 통해 드러난 내다봄의 영성은 산마루에서 묵상을 시작한 사람이라면 누구든지 조금씩 맛보기 시작했을 것이다.

예수의 영성은 묵상만으로 내 것이 되지 않는다. 그의 영성은 곧 그의 삶이었기 때문이다. 예수를 따르기로 하고 그와 함께 자신의 십자가를 지고 가는 자만이 예수의 영성을 안다 할 것이요, 높고 깊은 영성의 길로 들어갔다고 할 수 있다. 이제 산마루 묵상과 함께 우리는 '절벽'에까지 왔다. 욕망의 에스컬레이터에서 뛰어내리라는 하나님의 음성에 따라 뛰어내릴 때다. "뛰어내리라 하여 뛰어내렸더니 날아올랐다." 이는 산마루에서 하나님의 음성을 들은 모든 자들이 해야 할 고백이다. 뛰어내리는 순간 우리는 기도의 에스컬레이터를 통해 새로운 삶에로 진입하게 될 것이다.

나는 안다. 《산마루 묵상》은 누구에게 들려주기 위해 만든 글이 아니라는 것을! 치열한 자신과의 내적 싸움에서 나온 진액의 응고물이라는 것을! 그렇기에 그의 글을 통해 곧 그의 삶을 본다. 이용도의 편지와 일기에 나오는 영적 투쟁과 지혜, 그리고 영적 승리의 이야기를 듣는 것 같은 기분이다.

힝고라니가 간디에게 선생님의 어록을 출판하고 싶다고 하니, 간디는 말하기를, 자신이 말한 대로 살 수 있을지 모를 일이니 자신이 죽을 때까지 그렇게 실천하며 살았다면 사후에나 출판할 만할지 모르겠노라고 했다고 한다. 그와 같은 심정에서일 것이다. 이주연은 말한다.

"가장 기본적인 것은 언행의 일치입니다. 한 사람의 입에서 나온 말이 그의 행위가 될 수 있을 때에야 신뢰와 존경이 생기며, 그 본인도 영적으로 힘 있는 삶을 살게 됩니다."

그리고 간디의 언행일치 이야기를 전한다. 언행일치는 말씀이 육신이 되는 것이다. 예수님은 어제나 오늘이나 언제나 쉼과 사랑의 성육신이다. 이주연의 존재 안에서 흘러나오는 쉼과 사랑의 향기가 《산마루 묵상》과 함께 심호흡을 하는 모두를 새롭게 그리고 향기롭게 할 것이다.

《산마루 묵상》을 덮고 난 후 밀려오는 느낌이 있다. 이주연의 영성은 헨리 나우웬의 '상처 입은 치유자'를 닮았다. 아브라함 헤셸의 경건한 하시디 영성과도 어울린다. 또한 곽노순의 우주적 영성을 닮아 있다. 그의 영성은 예수께서 이른 새벽 홀로 한적한 산마루 어디쯤에서 소리 없이 솟아나온 약수와 같아 상처를 아물게 하고 새로운 생각을 일으킨다. 그의 소담한 글에 나를 비추니 숨겨진 허영과 욕망의 현실이 보인다. 영성! 영성! 말의 홍수 시대에 참 영성에 목말라 하는 우리들을 산마루골 우물가에 말없이 초청하는 그가 있어 우리는 진정 행복하다. 산마루 묵상은 하나님의 임재를 기다리는 모든 이들에게 힘을 주는 영혼의 비타민이 될 것이다.

최인식(서울신학대학교 대학원장)

차례

이주연과 《산마루 묵상》을 평하며 ----------------------- 006
'욕망의 에스컬레이터'에서 내려와
기도의 에스컬레이터로 갈아타라!

1장 온전히 맡겨진 삶으로 ---------------------- 015

베토벤의 운명 | 침묵의 설교 | 첼리스트 파블로 카잘스의 겸손 | 스탠퍼드대학의 개교 비밀
법보다 더 중요한 원리 | 하루살이의 비극 | 짐승도 못한다는 말에는 섭섭해 한다
칭찬의 힘 | 온전히 주께 맡긴 삶 | 너의 죄와 너의 고통을 나에게 다오
토스카니니의 겸손 | 보는 각도에 따라 다른 모습 | 한 소년의 승리 | 믿음 안에서 훌륭하게
연단과 고난의 힘 | 하이든의 고백

2장 깨어 있는 영혼으로 ---------------------- 045

깨어 있는 영혼, 살아 있는 사랑 | 진정한 도움 | 함께해야 행복한 삶
부자로 죽는 것은 정말 부끄러운 일 | 최고의 예수상은 최고의 신앙고백
거듭남의 체험과 성공하는 삶 | 구두를 수선하는 성자 | 불신과 경계심에서 벗어나야
빅토르 위고의 거듭남 | 버리는 지혜 | 몰입과 헌신의 기쁨 | 인생의 방탄조끼
리더십을 위한 7가지 조건 | 독수리의 첫 비행 | 내가 얻은 대답 | 염소의 가르침
사랑은 성경의 진리

3장 사랑의 기쁨으로 _____ 079

사랑의 기쁨으로 | 모든 것의 시작과 끝에는 기도의 삶이 | 성공과 실패의 갈림길
예수님의 산행 | 의로운 사업가 | 죄는 꼬리에 꼬리를 물고 | 우물을 잘 파는 비결
진리를 배우는 자세 | 용서는 용서를 낳고 | 나귀의 욕심 | 계기 비행
신입사원의 면접 | 하나님이 주신 달란트 | 사막을 건너는 법 | 아버지의 상자
바로 지금이 천국 갈 준비를 할 때 | 값을 아는 것 만큼

4장 믿음의 힘으로 _____ 117

반드시 밀물 때가 온다 | 지적을 경청하라 | 사람은 떡만으로 살 수 없다 | 경력
이블린 글레니의 축복 | 명작의 힘 | 요강을 닦는 사람 | 알지 못하고 저지르는 죄
십자가의 기쁨 | 하나님의 선택을 받는 길 | 용서 | 예수의 참 모습을 따라야
애정 어린 충고 | 믿음의 진리를 깨달은 사람

5장 오직 사랑의 힘으로 _____ 147

존재의 가벼움에 이르고자 하면 | 거룩한 산 제사 | 용기와 지혜 | 칭찬과 격려의 힘
일상이 피곤한 이유 | 말씀으로 거듭남 | 말씀의 변화 | 운명으로부터 해방
예수 없는 기독교는 가지고 가라 | 부정적 극단적 태도 극복
인간의 진정한 영혼의 가치는 고통을 극복함으로 | 플라시도 도밍고의 큰 사랑
하나님의 심판에 대한 묵상 | 주인의 손에 들어가지 않은 책과 인생
기독교적 영성수련과 말씀으로 거듭남

1장
온전히 맡겨진 삶으로

너는 어찌하여 네 상처 때문에 부르짖느냐 네
고통이 심하도다
렘 30:15

베토벤의 운명

어느 의과대학에서 교수가 학생에게 질문했습니다.
"한 부부가 있는데 남편은 매독에 걸려 있고 부인은 심한 폐결핵에 걸려 있습니다. 이 가정에는 아이가 넷이 있는데 하나는 며칠 전에 병으로 죽고 남은 아이들도 결핵으로 누워 살아날 것 같지 않습니다. 이 부인은 현재 임신 중인데 어떻게 하면 좋겠습니까."
그러자 한 학생이 대뜸 말했습니다.
"낙태 수술을 해야 합니다."
교수는 그 학생을 바라보며 조용히 말했습니다.
"자네는 방금 베토벤을 죽였네."

바로 이 불행한 상황에서 다섯 번째 아이로 태어난 사람이 베토벤이었습니다. 아버지는 매독에 걸려 있고, 4남매 중 하나는 이미 죽었고 셋은 결핵에 걸려 살 희망이 없는데 폐결핵 중증이었던 어머니는 임신 중이었던 것입니다. 그 후에 태어난 이가 베토벤이었던 것이죠.

분명 의료적 판단으로는 낙태를 해야 할 상황일 것입니다. 하지만 이러한 상황에서 만일 낙태를 했다면 위대한 베토벤은 이 땅에 나타날 수 없었을 것입니다. 이러한 점을 생각할 때 우리는 생명을 어떻게 대해야 할 것인가를 깊이 반성하게 됩니다. 인간의 생명이라고 하는 것은 어떤 상황에도 불구하고 생명적 가치를 갖고 있다는 점입니다. 그리고 우리의 삶이라고 하는 것은 합리적인 것으로 다 해소될 수 없는 하나님의 신비가 들어 있는 것입니다.

침묵의 설교

훌륭한 수도자 한 분이 살고 있었습니다. 어느 날 그의 설교를 듣고자 많은 사람들이 찾아왔습니다. 그런데 그는 아무런 설교도 하지 않고 침묵만을 지키고 있었습니다. 얼마 후 시간이 지나자 그 분은 촛불을 들고 예수 그리스도께서 십자가에 못 박힌 모습이 조각된 제단으로 올라갔습니다. 그리고는 조용히 밝게 타고 있는 불빛으로 못 박힌 예수 그리스도의 팔을 비추고 예수님의 다른 한 팔을 비췄습니다.

그리고 무릎을 꿇고 그 아래에서 기도했습니다. 이때 촛불은 못 박힌 예수님의 두 발을 밝게 비추고 있었습니다. 그런데 십자가에서 고난 받는 예수 그리스도 앞에서 기도하는 그의 모습이 얼마나 진실하였는지 모인 사람들도 한 사람 두 사람 무릎을 꿇기 시작했습니다. 그리고 많은 사람들이 눈물을 흘리며 회개하기 시작했습니다.

진정한 설교는 무엇일까요? 우리에게 진정한 믿음이라고 하는 것은 무엇일까요? 그것은 아름다운 천 마디의 말보다 우리 주 예수 그리스도의 고난의 의미를 깨닫고 주님의 사랑과 구원을 경험하는 것입니다. 이 길로 인도하는 설교, 그리고 이러한 경험을 가지고 있는 믿음보다 더 훌륭한 것은 없습니다.

첼리스트 파블로 카잘스의 겸손

첼리스트의 대가 피아티 고르스키가 처음 독주회를 할 때의 일입니다. 연주회를 하는데 그는 긴장과 흥분을 감출 수 없었습니다. 연주회 제일 앞자리에 세계 정상의 첼리스트인 파블로 카잘스가 앉아 있었기 때문이었습니다.

떨리는 마음으로 무대에 섰던 그는 스스로 그날 연주를 망쳤다고 생각했습니다. 그런데 뜻밖에 세계적 첼리스트 카잘스가 열렬한 박수를 보냈습니다. 그리고 피아티 고르스키를 제자로 불러 세계 최정상의 첼리스트가 되도록 이끌어 주었습니다.

먼 훗날 카잘스는 피아티 고르스키에게 이렇게 고백했다고 합니다. "그때 네가 이렇게 첼로를 잡고 이렇게 활을 놀려서 바로 이 음을 낸 적이 있어. 나는 네가 한 연주를 통해서 그 음을 내는 방법을 배웠기 때문에 그렇게 열렬히 박수를 쳤던 것이지. 나는 누구를 막론하고 이유 여하를 불문하고 나에게 가르침을 준 사람은 내 선생으로 생각하지. 그래서 그날 이후 나는 너를 내 선생처럼 생각하고 도왔던 것이라네."

대가에게는 역시 대가다운 면모인 배움의 자세, 겸손의 자세가 있었습니다. 아니, 그러한 자세가 대가를 만든 것이 아닌가 합니다. 하나님께서는 사람의 잘남을 선택하신 것이 아니고, 겸손과 진실과 사랑을 보시고 당신의 사람으로 삼으십니다.

스탠퍼드대학의 개교 비밀

어느 돈 많은 부부가 인생의 말년에 전 재산을 교육 사업에 헌납할 생각을 하고 명문대학인 하버드대학교를 방문했다고 합니다. 그런데 총장실 앞에 있는 수위는 이 노부부의 허름한 옷차림을 보고 불친절하게 대했습니다. 총장을 만나러 왔으니 만나게 해달라고 말했지만 용건을 말하라며 결국은 들여보내지 않았습니다.

노부부는 문전박대를 받고 되돌아오면서 새로운 학교를 세우겠다고 마음먹었습니다. 그래서 전 재산을 들여 대학을 설립했습니다. 이 노부부가 세운 학교가 유명한 스탠퍼드대학교입니다. 노부부 이름이 바로 스탠퍼드였던 것이지요.

우리는 사람을 판단해서는 안 되며, 더욱이 외모를 보고 사람을 평가해서는 안 됩니다. 하나님께서 우리의 중심을 보듯이 우리도 사람의 마음의 중심을 보아야 하고, 또한 사람의 마음의 중심을 보더라도 사람을 평가하기보다는 그들을 도우려 하고, 이해하고 사랑하는 마음을 가져야 합니다. 그리하여 모든 사람을 주님을 대하듯 정중하게 대한다면 우리들은 보다 좋은 세상을 만들게 되고 보다 나은 인간관계를 맺게 되고, 진실로 존경받는 사람이 될 수 있을 것입니다.

법보다 더 중요한 원리

한 교회에서 회의가 진행되고 있었습니다. 의견이 서로 달라서 회의가 길어지고 날카로운 말들도 서로 오갔습니다. 그때였습니다. 한 청년이 일어나서 큰 소리로 말했습니다.
"법대로 합시다!"
회의가 진행되는 동안 이 청년은 여러 차례 법대로 할 것을 주장했습니다. 이때 한 사려 깊은 교우가 일어나 말했습니다.
"법대로 하는 것도 한 방법이겠지요. 그러나 법만으로 다 될 수 없는 일이 얼마든지 있지요. 그리고 하나님께서 법대로만 하신다면 당신은 어떻게 됐겠습니까. 벌써 지옥에 가 있을지도 모를 일이죠. 우리 모두 마찬가지입니다."

사회는 법치가 이루어져야 합니다. 이것이 우리 사회에 꼭 필요한 과제입니다. 하지만 근본에는 법보다 더 중요한 원리가 우리 개인의 삶과 사회를 지배해야 합니다. 그것이 바로 은총의 원리입니다. 죄를 용서하고 허물을 덮어주는 예수 그리스도를 통해 나타난 하나님의 구원, 그 은총의 원리 말입니다.

은총의 원리라고 하는 것은 죄인임에도 불구하고 정죄로 끝내지 않는 용서의 원리, 원수까지도 사랑해야 한다는 사랑의 원리, 죄인일지라도 다시 새롭게 될 수 있다는 소망의 원리, 이러한 것들입니다. 이 원리가 세상을 지배하고 우리의 삶을 지배할 때 우리는 이 땅에서라도 천국을 맛보게 될 것입니다.

하루살이의 비극

참새와 나비와 하루살이가 만났습니다. 이들은 만나서 신나게 놀았습니다. 그런데 어느덧 저녁이 되어 헤어지게 됐습니다. 그러자 나비가 말했습니다.
"내일 만나서 다시 놀자."
그러나 하루살이는 이 말이 무슨 말인지 몰랐습니다.
하루살이에겐 내일이 없기에 내일을 알 수 없었던 것입니다.
결국 이튿날부터는 참새와 나비만이 놀게 되었습니다.
그런데 시간이 지나 가을이 오고 겨울이 다 되었습니다. 날이 추워지자 참새는 봄이 오면 다시 놀자고 말했습니다. 그러나 나비는 이 말을 알아들을 수 없었습니다. 나비는 한 해밖에 살 수 없기에 이듬해에 새로운 봄이 다시 오는 것을 기대하거나 이해할 수 없었던 것입니다.
영적인 면에서도 사람들은 이렇게 살아가는 것은 아닐까요?
내일은 없고 하루살이처럼 당장의 이익과 즐거움만을 위한 삶을 살거나, 나비처럼 이생의 삶이 전부라고 생각하고 땅의 일에만 매여 사는 것은 아닐까요.

참새처럼 이생의 봄이 끝나면 내생의 새 봄이 온다는 것을 기대하며 하나님의 말씀에 따라 영원한 가치를 추구하는 사람, 이런 경우가 있을 것입니다.

그리스도인이란 바로 이생만이 전부인 줄 알고 사는 사람이 아니라 하나님의 말씀에 따라 영원한 세계를 향하여 참되게 살아가는 사람들입니다.

짐승도 못한다는 말에는
섭섭해 한다

황희 정승이 시골길을 가다가 두 마리 소를 데리고 일을 하는 농부를 만났습니다. 황희 정승은 농부에게 물었습니다.
"그 두 마리 소 가운데 검은 소가 일을 잘합니까, 누런 소가 일을 더 잘합니까?"
그러나 농부는 대답을 하지 않았습니다.
황희 정승이 다시 물었지만 농부는 대답을 하지 않았습니다. 그런데 얼마 후 농부가 뒤따라 와 귀에 대고 작게 말했습니다.
"어르신, 아까는 죄송했습니다. 아무리 짐승이지만 듣는 자리에서야 주인이 누가 누구보다 일 잘한다고 하면 얼마나 섭섭하겠습니까. 그래서 제가 말씀을 못 드렸지요. 실은 검은 소가 일을 더 잘한답니다. 누런 소는 조금 꾀를 부리거든요."

오늘 우리는 발전이라는 명목 아래 경쟁 원리를 도입했습니다. 이것을 도입한 이후, 우리는 너무나 공개적인 비교 평가를 하고 있는 것이 아닐까요. 심지어 우리는 너무 쉽게 남들을 비방하고 있습니다.

사람이 사는 데는 발전이나 경제적 성공만이 아니라 인간적인 배려와 사랑과 이해심이 필요합니다. 사람은 빵만으로 사는 경제적 물질적 동물이 아니라 하나님의 사랑으로 사는 영적 존재입니다. 그러므로 인간 스스로 영적 존재로서의 자기 존엄함을 지켜 나가야 하지 않을까요.

이를 위해서는 함부로 비교 평가하거나 남을 비난하기에 앞서 사랑과 이해심을 갖도록 노력해야 할 것입니다.

칭찬의 힘

미국의 유명한 흑인 성악가 마리아 앤더슨은 어떻게 그토록 훌륭한 성악가가 될 수 있었느냐는 질문에 이렇게 고백을 했습니다.
"저는 어려서부터 교회에 다녔습니다. 그리고 철이 들면서부터는 성가대에서 찬양을 했습니다. 잘하지는 못하지만 열심히는 했습니다. 그런데 언제부턴가 솔리스트가 결석을 하면 지휘자는 제게 독창을 하라고 했습니다. 저는 지휘자의 말에 따랐고 예배를 마치면 목사님께서는 제 노래에 대해 칭찬을 아끼지 않으셨습니다. 그리고 조언을 해주셨습니다. 그래서 저는 독창하는 것이 좋았고, 목사님의 칭찬과 평을 듣는 것이 아주 좋았습니다. 그 후 저는 독창할 기회를 고대하면서 절대로 교회에 빠지는 날이 없었습니다."

칭찬의 힘은 대단히 놀라운 능력을 가지고 있습니다. 그리고 칭찬을 앞세운 비평이나 조언은 더욱 바르게 훌륭하게 사람이 자라도록 인도합니다. 나무는 햇볕을 받고 자라지만 사람의 능력은 칭찬을 받고 자랍니다.

그러기에 영적인 성장을 돕는 성도의 교제가 잘 이루어지게 하려면 서로 칭찬하기를 아끼지 말아야 합니다. 진정으로 사랑한다면 칭찬을 아끼지 않아야만 합니다. 그것은 우리 모두를 성장시키는 하늘의 빛이 될 것입니다.

온전히 주께 맡긴 삶

한 목사님이 미국 빈민의 아버지이자 구세군의 창시자인 윌리엄 부스를 방문했을 때 그 분께 물었습니다.
"일평생 변함없이 훌륭히 성직을 수행하셨는데 어떤 비결이 있으셨습니까."
한참 동안 생각에 잠겨 있던 그는 겸손히 고백했습니다.
"제가 비결을 말씀드리지요. 하나님께서 저의 전체를 소유하고 계시기 때문입니다. 세상에는 저보다 훌륭한 사람들이 많이 있습니다. 좋은 기회가 주어진 사람들도 많이 있습니다. 그런데 많은 사람들은 자기의 모든 것을 하나님께서 온전히 소유하시도록 하지 않았습니다."
아무리 보잘 것 없는 피리일지라도 명인에게 온전히 맡겨진다면 많은 사람들의 영혼을 감동시킬 소리를 낼 것입니다. 이렇듯 보잘 것이 없는 것이어도 하나님께서 쓰시도록 자신을 온전히 맡기는 사람은 전능하신 주님께서 당신의 위대한 작품으로 만드십니다. 자신을 온전히 주께 맡기면 이러한 결과를 얻게 될 것입니다.

너의 죄와
너의 고통을 나에게 다오

11세기의 성자 제롬은 베들레헴에서 성경을 번역하고 있었습니다. 어느 날 기도를 하는 중에 예수께서 나타나셨습니다. 제롬은 기뻐서 예수님께 말했습니다.
"사랑하는 주님, 제가 주님께 무슨 선물을 드리오리까."
예수께서 말씀하셨습니다.
"하늘과 땅이 다 내 것인데 네가 무슨 선물을 내게 주겠느냐."
제롬이 말했습니다.
"이 성경을 다 번역해서 주님께 선물로 드리겠습니다."
그때 예수께서 말씀하셨습니다.
"네가 정말 나에게 선물을 주겠느냐. 그렇다면 한 가지만 다오."
"네, 주님. 그게 무엇입니까."
"네 죄와 고통을 다 내게 다오. 그것이 최고의 선물이니라."
주께서 우리에게 진정으로 바라는 것은 우리가 죄와 고통에서 벗어난 삶, 우리가 진정으로 거듭난 삶을 사는 것을 바라는 것입니다.

토스카니니의 겸손

지휘자 토스카니니가 단원들과 베토벤 교향곡 제9번을 연습하고 있었습니다. 연습 도중 단원들은 토스카니니의 지휘에 너무나 감동이 되어 그에게 갈채와 환호를 보냈습니다. 이 갈채와 환호가 그치자 토스카니니는 눈물을 가득 고인 채 단원들을 향해 말했습니다.
"여러분, 갈채를 받아야 할 사람은 제가 아니라 바로 베토벤입니다."
이 말은 참으로 커다란 메시지를 던져 줍니다. 토스카니니의 베토벤 교향곡 제9번의 감동적인 연주, 그것이 어떻게 해서 나올 수 있었을까에 대해서 예시하는 바가 크기 때문입니다. 그것은 자신을 뽐내고 자신의 이름을 높이려고 하는 것이 아니라, 진정 교향곡 제9번을 창조한 베토벤을 존경하고 사랑하기에 나올 수 있었다는 것을 증명하는 것입니다.
바로 이러한 마음이 베토벤의 마음과 공명이 되고, 바로 이렇게 되었기에 베토벤의 음악을 진정으로 이해할 수 있게 되고, 그렇기에 훌륭한 연주가 가능한 것입니다.

우리의 삶은 어떻게 연주해야 가장 아름다운 연주, 가장 잘 사는 삶이 될 수 있을까요. 그것은 우주와 삶과 역사를 짓는 창조주 하나님께 진정으로 감사하는 마음을 가지고 그 분께 영광을 드릴 때 비로소 성취됩니다.

성 아우구스티누스는 이렇게 고백했습니다.

"잘 산다고 하는 것은 마음을 다하고 영혼을 다하고 뜻을 다해서 하나님을 사랑하는 것 외에 다른 것이 아닙니다. 하나님에 대한 사랑을 손상하지 않고 온전히 보존해야 합니다."

보는 각도에 따라 다른 모습

될성부른 나무는 떡잎부터 안다고 합니다. 그것은 맞는 말일 수도 있겠죠. 그러나 누가 어떤 각도에서 보느냐에 따라 그 평가는 달라질 수 있습니다. 예를 들면 발명왕 토머스 에디슨은 어려서는 너무 어리석어 우둔한 아이라는 평가를 받았습니다. 다섯 살 때는 알을 품에 넣고 부활을 시도한 몽상가였습니다. 그리고는 13살 때 퇴학을 당했습니다.

조각가 로댕은 학교 성적이 늘 나빴습니다. 예술학교 입학을 세 번이나 거부당했고, 그의 아버지는 왜 하필 집안에 이런 어리석은 아이가 태어났는가 하며 한탄했습니다.

대 물리학자 아인슈타인은 수학이 낙제점이었습니다. 네 살 때까지 전혀 말을 할 줄 몰랐고, 일곱 살 때 겨우 책을 읽을 수 있었습니다. 담임선생님은 정신발달이 느리고 사교성이 없으며 환상에 사로잡힌 아이라고 혹평을 했습니다.

그러나 이 세 사람은 모두 다 인류 역사를 바꿨습니다. 함부로 평가를 하고 있었던 것이지요. 이런 점을 생각하면 사람을 함부로 평가하고 재단해서는 안 됩니다.
우리는 오직 하나님께서 누구에게나 소명을 주시고 그에 합당한 달란트를 주셨다는 것을 생각하고 그의 가능성을 바라봐야 합니다. 그렇게 해서 누구나 자신의 능력을 십분 발휘할 수 있도록 도와야 합니다.

한 소년의 승리

한 소년이 있었습니다. 그는 가난하였기에 학자금을 마련하기 위해 가을걷이를 하는 곳에 찾아가 일자리를 달라고 요청했습니다. 그러자 주인이 말했습니다.
"이 일은 매우 힘이 드는 일이야, 너 같은 아이는 할 수 없을 것이야. 우리는 힘이 있는 장정이 필요하단다."
그러자 소년은 대뜸 말했습니다.
"그럼 제가 어른이 할 수 있는 일 만큼 한다면 어떻게 하시겠습니까."
이 말이 마음에 들어 주인은 그를 고용했습니다.
다음날 주인은 그를 네 명의 어른 일꾼들과 함께 밭으로 보냈습니다. 어른들은 조무래기가 무슨 일을 하겠다고 나왔는지 모르겠다며 비웃었습니다. 그리고 저희들끼리 얼마나 일을 하는지 내기를 했습니다. 그런데 소년은 열심히 손을 움직여 네 명의 어른들보다 훨씬 더 많은 일을 했습니다. 소년의 손바닥은 물집이 잡혔지만 조금도 내색하지 않고 일을 마쳤습니다.

하루의 일을 마치고 모두 피곤에 지쳐 잠자리로 갔을 때 소년은 주인에게 양초 한 개를 부탁했습니다. 그리고는 그때부터 불을 밝히고 밤늦도록 공부를 하는 것이었습니다.
훗날 이렇게 낮에는 책임을 다해 열심히 일하고 밤에는 공부를 해서 가난을 이긴 소년은 미국 20대 대통령에 취임했습니다. 바로 제임스 가필드 대통령입니다.

어려운 처지와 자기 자신을 이긴 사람만이 최후의 승리를 얻게 됩니다.

믿음 안에서 훌륭하게

록펠러는 인류 역사상 진정으로 성공한 사람의 대명사가 되어 있습니다. 하지만 그도 젊어서는 장래성이 없다고, 여인에게 버림까지 받은 아픔을 지닌 사람입니다. 그는 이러한 비극을 이기고 역사적으로 놀라운 기록을 남겼습니다.

첫째는 역사상 가장 가난한 사람이 가장 큰 부자가 되었다는 것입니다. 둘째는 그는 역사상 가장 많은 돈을 이웃에게 전해준 사람이 된 것입니다. 그리고 셋째, 격무 속에서도 98세까지 장수한 사람이 되었습니다. 세상을 떠날 때까지 그의 치아는 하나도 썩지 않고 건강했다고 합니다.

그가 이러한 놀라운 일을 이룩하게 된 이유를 그의 고백에서 찾을 수 있습니다.

"나의 유일한 희망은 훌륭하고 바르게 사는 것입니다."

이 말은 믿음 안에서 바르게 살자는 일념을 뜻합니다. 그는 주를 믿고 거듭난 이후에는 주일에 한 번도 교회를 빠진 적이 없습니다.

술과 담배는 입에도 대지 않았고 유흥가에는 단 한 번도 가지 않았습니다. 식사 때에는 단 한 번도 감사기도를 거르지 않았습니다. 그리고 매일 성경을 읽었습니다. 눈이 어두워졌을 때는 성경을 읽는 사람을 고용해 날마다 귀로 성경을 들었습니다.

믿음 안에서 훌륭하게 바르게 사는 것, 이 단순한 목표는 가장 높은 곳에 이르는 가장 간명한, 그리고 가장 강력한 가르침입니다.

연단과 고난의 힘

흔히 연단과 고난을 저주처럼 생각하기도 합니다. 하지만 은과 금이 뜨거운 도가니를 통해 순수해지듯 사람은 마음의 고초와 삶의 고난을 통해서 순수해집니다.

별이 어둠을 통해 드러나듯 소명과 선택도 고난을 통해서 나타납니다. 또한 버려진 돌이 성전 기둥을 받치는 모퉁이돌이 되듯, 사람은 고난을 통해 하나님의 쓰임을 받게 됩니다. 세상 마지막까지 빛이 바래지 않을 영광과 존귀는 믿음의 시련과 연단을 통하지 않고는 얻어질 수 없습니다.

뿐만 아니라 믿음의 지혜는 이런 감춰진 신비를 아는 것입니다. 그래서 성경에서는 이렇게 가르치고 있습니다.

'많은 사람이 연단을 받아 스스로 정결하게 하며 희게 할 것이나 악한 사람은 악을 행하리니 악한 자는 아무도 깨닫지 못하되 오직 지혜 있는 자는 깨달으리라.' (단 12:10)

하이든의 고백

오스트리아 출신 하이든은 작품〈천지창조〉를 만들었습니다. 그가 세상을 떠나기 1년 전 1808년 비엔나 음악 대극장에서〈천지창조〉가 연주 됐습니다. 연주가 끝나자 청중들은 기립해서 박수를 보냈습니다. 그때 노령의 하이든이 휠체어를 타고 무대에 나타났습니다. 이를 본 청중들은 반사적으로 더욱 우레와 같은 박수를 보냈습니다. 그때 하이든은 있는 힘을 다하여 휠체어에서 일어나 손을 옆으로 저으며 말했습니다.

"아닙니다, 아닙니다. 제가 한 것이 아닙니다. 모두 하나님께서 하신 것입니다."

대작을 작곡한 영혼은 어떠하였기에 대작을 남길 수 있었던 것일까요? 그것은 바로 자신의 재주에 의지하지 않고 하나님께로부터 영감을 받았기 때문입니다. 이러기 위해서는 온전히 자신을 열고 또 자신을 하나님께 맡기고 겸손히 귀를 기울여야 합니다.

2장
깨어 있는 영혼으로

주인이 와서 깨어 있는 것을 보면
그 종들은 복이 있으리로다
눅 12:37

깨어 있는 영혼, 살아 있는 사랑

휘트브레드 상(Whitbread Book Awards)은 영국 최고의 문학상입니다. 1987년도 수상작품은 크리스토퍼 놀란의 자전적 소설 《시계의 눈 밑에서》입니다. 놀란은 세 살 때 뇌성마비가 되어 오직 눈으로만 의사를 표현할 수밖에 없는 인생의 불운을 맞게 됩니다. 그는 말도 못했고 듣지도 못했습니다. 손도 움직일 수 없었습니다. 그는 이마에 작은 막대기를 붙이고 키를 누르는 방법으로 타자를 쳤습니다. 그는 타자지 한 쪽을 찍는 데 12시간씩이나 걸렸습니다. 그는 자신의 몸을 가리켜 '쓸모없는 육체'라고 표현할 정도였습니다. 그런 그가 영국 최고의 문학상인 휘트브레드 상을 받은 것입니다.

타자기를 빨리 쳐서 많은 글씨를 쓸 수 있다고 해서 문학이 되는 것이 아닙니다. 우리의 인생도 그러합니다. 육체가 튼튼하고 골리앗 같아야 큰일을 이루는 것이 아닙니다. 오래오래 산다고, 또 빨리빨리 일을 할 수 있다고 해서 반드시 훌륭한 인생을 사는 것도 아닙니다. 재물을 많이 가지고 큰 권력을 지니고 있다고 해서 위대한 인생을 이룩할 수 있는 것도 아닙니다. 궁극적으로 인간에게 중요한 것은 하나님 안에서 깨어 있는 영혼, 살아 있는 사랑의 마음으로 인생을 만들어 가는 사람만이 훌륭한 시와 소설을 짓듯 아름다운 인생을 이룩하게 됩니다.

진정한 도움

오 헨리의 단편소설 중에 〈묵은 빵〉이라는 소설이 있습니다.
한 남자가 매일 빵집에 찾아와 빵을 사 갑니다. 그런데 한결같이 묵은 빵만을 사 가는 것이었습니다. 그는 아주 가난한 건축설계사였습니다.
어느 날 빵집 여주인은 이 남자를 가엾게 생각하여 빵 속에 버터를 듬뿍 넣어 주었습니다. 그런데 가난한 건축설계사는 건축 작품 응모 준비를 하던 중이었고, 설계 도면을 그릴 때 그림을 지우기 위해 빵을 사 가던 것이었습니다. 결국 그는 설계 도면을 수정하려다 그만 빵 속에서 흘러나온 버터 때문에 설계 도면을 망쳐 응모하지 못하고 말았습니다.

남에게 도움을 베푼다고 해서 무조건 다 도움이 되는 것이 아님을 염두에 두어야 합니다. 도움이 진정 도움이 되도록 하려면 경우와 때에 맞아야 합니다. 그렇지 않다면 도움이 오히려 걸림이 될 수도 있습니다. 도움을 주려면 자기 감상이 아니라 상대편을 충분히 이해하고 그에게 적당한 때에 알맞은 방법으로 도와야 합니다.

흔히 사람들은 상대편에게 진정한 도움이 되도록 하기보다는 자기가 도움을 주는 사람이라는, 자기가 좋은 사람이라는 평판을 듣고 싶어서 돕는 경우도 적잖습니다. 진정한 도움에 이르고자 하면 나 자신을 잊고 오직 상대가 필요로 하는 경우에, 필요로 하는 때에 말없이 도와야 합니다. 그리고 때로는 도움을 주지 않는 것이 도움이 될 수도 있음을 알고 침묵 속에 지켜만 볼 필요도 있습니다.

어린 아이가 걸음마를 할 때에는 붙잡아 주지 않고 홀로 넘어지고 일어서는 것을 반복하며 힘을 기르고 적응하도록 지켜만 봐야 합니다. 장을 수술한 이의 빠른 회복을 위해서는 아픈 몸을 이끌고 혼자 걷도록 해야 합니다. 작은 친절이 도움이 되지 않는 경우들입니다. 그리스도인들은 진실로 남을 돕도록 노력해야 합니다. 그러나 도움이 진정한 도움이 되도록 하기 위해서는 감상이나 우월감이나 자기 치장을 위한 어둠과 유혹을 벗어나야 합니다. 한 발 물러서서 겸허와 때를 아는 지혜와 행함이 있어야 합니다.

함께해야 행복한 삶

몸 안의 면역계는 사람의 몸을 해롭게 하는 병원균이나 종양을 감시하는 감시체계이기도 합니다. 그래서 면역계가 약화되면 각종 질병에 걸리게 됩니다.

쥐를 대상으로 한 실험에서 전기충격으로 면역세포를 20~30%를 떨어뜨린 쥐들은 면역효율성이 떨어지게 되어 죽어가기 시작하였다고 합니다. 면역계를 잘 유지하는 것이 건강에 대단히 중요한 것임을 알 수 있습니다.

그런데 놀라운 것은 면역계는 단순히 몸의 문제만 아니라 우리의 마음과 직접 관계가 있다는 것입니다. 스트레스를 많이 받으면 면역계가 약화되고 사회적 유대감이나 안정감, 사랑과 지지를 받게 되면 면역계가 잘 유지된다는 것입니다.

이런 현상은 스트레스나 두려움을 느끼면 코르티손이라는 호르몬을 분비하게 되고 코르티손 호르몬은 면역계를 억압하여 면역력을 떨어뜨리는 작용을 하기 때문에 일어납니다. 그리고 이것은 동맥경화를 일으키는 원인이 되기도 합니다.
이를 확인하기 위하여 원숭이를 대상으로 실험을 했다고 합니다. 한 마리의 원숭이를 우리에 가두어 놓고 자극적인 빛과 소음을 들려 주었습니다. 그랬더니 코르티손 호르몬이 많이 측정되었습니다. 이어서 원숭이 한 마리를 더 넣었더니 측정되는 코르티손 양이 반으로 줄어들었습니다.
그런데 다섯 마리를 함께 있게 하였더니 자극적인 빛과 소음에도 불구하고 코르티손 양이 측정되지 않았습니다. 서로 의지하고 힘이 되어 주는 연대감은 사람이 아닌 원숭이에게조차 큰 힘이 된다는 것입니다. 그리고 이것이 건강에도 직접 도움이 되는 것입니다.

부자로 죽는 것은 정말 부끄러운 일

1901년 2월 25일 뉴욕의 한 호텔에서 철강 왕 카네기는 금융 왕 존 피어먼트 모건에게 자신의 철강회사를 4억9천2백만 달러에 팔았습니다. 이는 당시 일본 예산의 3배가 넘는 천문학적 액수였습니다. 모건은 오늘날 국가의 신용등급을 평가하기도 하는 투자은행 JP 모건의 설립자이기도 합니다.

철강 왕 카네기가 자신의 철강회사를 판 이 날은 철강 왕 카네기가 자선 왕으로 다시 탄생하는 날이었습니다. 카네기는 바로 그 전 해에 펴낸 책에서 부자의 인생은 두 시기로 나뉘어야 한다고 말했습니다. 즉 전반부는 부를 획득하는 시기이고, 후반부는 부를 분배하는 시기여야 한다는 것이었습니다.

그는 즉시 1902년 워싱턴 카네기 협회를 설립했고 미국 전역에 2,500개의 도서관을 지어 헌납했습니다. 그리고 카네기회관, 카네기공과대학, 카네기교육진흥교육재단 등에 모두 3억 달러를 바쳤습니다.

이것은 자본주의의 이기성에 대한 인간 정신, 곧 인간 양심과 도덕과 믿음의 승리를 보여 주는 숭고한 행동이 아닐 수 없습니다. 이러한 카네기의 행동은 뒤이어 록펠러재단, 포드재단을 설립하게 하는 길을 터준 것이라고 평가받기도 합니다.
카네기는 이렇게 말했습니다.
"부자인 채로 죽는 것은 정말 부끄러운 일이다."
정말 그렇습니다. 그리스도인이 부자인 채로 죽는 것은 정말 부끄러운 일입니다.

최고의 예수상은
최고의 신앙고백

돌 월드센의 예수상은 예수 조각상 가운데 최고의 조각상으로 꼽힙니다. 월드센은 바로 이 예수상으로 훌륭한 조각가로서 인정을 받게 되었습니다. 그가 대가로 자리를 잡게 되자 프랑스 루브르 박물관에서는 그에게 비너스상을 조각해 달라고 요청했습니다. 조각가로서는 부와 명예를 얻는 대단히 좋은 기회가 찾아온 것입니다. 그러나 그는 한 마디로 거절했습니다. 그 이유는 단 한 가지였습니다.

"내 이 손으로 그리스도의 성상을 조각했는데 성상을 조각한 손으로 어찌 신상을 조각할 수 있겠는가."

비너스상을 만드는 일을 예술이라고 생각할 수도 있습니다. 그러나 그는 예수상을 조각할 때 단순한 예술로서가 아니라 신앙고백으로서 만든 작품이었기 때문에 그렇게 할 수 없었던 것입니다. 그가 만일 예수상을 신앙고백이 아닌 예술적 기교로서만 작품을 하였다면, 결코 그토록 훌륭한 예수상을 만들지 못했을 것입니다.

신앙인으로서 우리의 삶이 혼란스럽고 집중력을 잃을 때가 있습니다. 옳고 그름과 선과 악에 대하여 분명함을 상실한 채 나약해지고 쉽게 타협하는 때가 있습니다. 바로 하루하루 순간순간의 삶이 진실한 신앙고백으로 이루어지지 않기 때문입니다.

돌 월드센처럼 자신의 이익과 명성보다 분명한 신앙적 입장에서 '예'와 '아니오'를 할 때, 삶은 힘을 얻고 그리스도인으로서 존재감을 잃지 않고 힘차게 미래로 나아갈 것입니다.

거듭남의 체험과 성공하는 삶

세계어린이전도협회가 의사, 변호사, 교수, 박사, 기업체 임원 등 성공한 사람들을 대상으로 신앙에 대한 조사를 했습니다. 이 조사를 담당한 종교 심리학자 보너 박사는 성공한 크리스찬 전문직 종사자 253명에게 언제 예수를 믿게 되었느냐고 질문했습니다.
그 결과 20세 이전이 55%로 가장 많았고, 21~30세가 26%, 31세~40세가 9%, 41~50세가 2%, 51~60세까지가 1%, 60세 이상이 0.4% 순으로 나타났습니다.
세계어린이전도협회는 또 다른 조사에서 오늘날의 기독교인 86%가 15세 이전에 기독교를 알고 거듭났다고 말하고 있습니다. 또 1,000명의 기독교인들을 대상으로 언제 구원 받았는가라는 질문을 한 결과 548명인 55%가 20세 이전에, 34%인 337명이 30세 이전에 거듭남을 체험한 것으로 대답했다고 밝혔습니다.
이 같은 사실로 볼 때 어린 시절의 신앙교육과 거듭남의 체험이 얼마나 중요한 것인가 알 수 있습니다. 또한 거듭남이란 내면적 영적 경험으로 머무는 것이 아니라, 그의 성공적인 사회생활과 직결됨을 알 수 있습니다. 거듭남의 체험은 한 인간의 오늘과 장래를 결정짓는 것입니다.

미국 템플대학의 창시자 러셀 코엘 박사가 2차대전 후 미국에서 백만장자로 성공한 4,043명을 조사한 결과 아주 흥미로운 공통점을 발견했습니다.

그것은 첫째, 사람이 성공하는 데 학벌은 그리 중요하지 않다는 것, 둘째, 그들은 분명한 목표를 향하여 최선을 다했다는 것, 셋째, 그들은 자신의 부족함을 알고 열심히 기도하였다는 것입니다.

한 인간에게 있어 어린 시절 거듭남의 체험과 기도의 훈련은 그 어떤 조건보다 중요하게 밝은 미래를 결정짓는 요소가 되는 것입니다.

구두를 수선하는 성자

성자로 불리는 한 사람이 북아프리카에 살고 있었습니다. 로마의 한 수도사가 그를 만나고 싶어서 북아프리카로 기나긴 여행을 떠났습니다. 마침내 성자가 사는 곳에 도착한 그는 깜짝 놀라고 말았습니다. 성자가 기도하거나 금식을 하고 있을 것이라고 생각했는데 뜻밖에도 길거리에서 다른 사람들의 구두를 수선하고 있었기 때문입니다.

로마에서 온 수도사는 의아하게 생각하며 그 성자에게 물었습니다.

"당신이 성자가 된 비결은 무엇입니까."

이 질문에 늙은 성자는 정색을 하면서 말했습니다.

"사실은 저도 잘 모릅니다. 다만 제가 한 것이라고는 구두를 수선한 것밖에 없지요. 나는 손님들이 구두를 맡기고 가면 그 구두가 예수님의 구두라고 생각하며 마음과 정성을 다하여 구두를 수선하지요. 그 외에는 다른 아무 것도 한 것이 없습니다. 그런데 나를 성자라 부르더군요."
거룩함과 속됨이 따로 있는 걸까요.
거룩한 신분과 속된 신분이 따로 있는 건 아닙니다. 그가 누구든 어떤 직업을 가졌든 사람을 대하여 진실하고 자신의 일에 대하여 최선을 다하는 삶이 존귀한 것입니다. 반면 얼마나 많은 것을 가졌든 얼마나 높은 신분의 사람이든 사람을 대하여 거짓되고, 자신의 일에 대해 최선을 다하지 않는 사람은 천한 삶을 살아가고 있는 것입니다.
사람을 대하여 진실하고 하루하루 자신의 일에 최선을 다하는 중 마침내 무슨 일을 하든 주께 하듯 할 수 있는 지경에 이르는 이가 거룩한 삶, 즉 성자의 삶을 이루는 것입니다.

불신과 경계심에서 벗어나야

어느 날 어둠이 막 내리는 시간, 제 기도처인 북악산 집에서 나오려는데 안에서 물건이 자빠지고 급하게 움직이는 소리가 들렸습니다. 깜짝 놀라서 "누구요!" 하고 외쳤습니다. 그러자 또다시 공사 중에 세워 두었던 물건이 마룻바닥에 넘어지는 소리가 들렸습니다. 어떤 자가 이 저녁, 이 산중에 들어왔단 말인가! 긴장이 되고 두려움도 일었습니다.

다시 "거 누구요!" 하고 소리를 질렀습니다. 그러나 침묵만 흐를 뿐이었습니다. 그러다 다시 물건이 넘어지는 소리와 함께 어둠 속에서 누군가 내 앞으로 달려 나왔습니다. 동네 산고양이였습니다. 그 녀석이 빠져나간 후, 안도의 한숨이 절로 나왔습니다.

어찌 침입자가 들어왔다고 생각했을까. 사람에 대한 불신과 두려움이 내 의식 밑에 깔려 있었구나. 이것을 지워 버리고는 살 수 없는가. 불신과 경계를 떨쳐 버리고 살 수 없는 것이 에덴에서 쫓겨난 우리의 현실이며, 우리가 천국에 이르기 전까지 살아야 할 죄된 운명인가. 어찌하였든 불신과 두려움과 경계심에서 자유로워져야 이웃을 내 몸처럼 사랑할 수 있으리라. 그래야만 나와 너의 경계가 무너진 사랑에 이르게 되지 않을까?
경계가 무너지지 않은 내 자신의 벽을 산고양이가 알려 주고 달아나 버렸습니다.

빅토르 위고의 거듭남

프랑스의 소설가, 시인, 극작가인 빅토르 위고는 문학사에 남는 세계적 인물입니다. 특별히 그는 인도주의적인 작품을 많이 남겼습니다. 그러나 그는 한때 대단히 문란한 생활로 가정이 파탄에 이르기도 했습니다.

1841년 어느 여름, 그의 사랑하던 딸 레오폴디스는 타락한 아버지가 바른 생활로 돌아올 것을 간청하는 유서를 남기고 세느 강에 몸을 던졌습니다. 이 충격적 사건에 대하여 빅토르 위고는 하나님께서 자신에게 내린 심판이라고 여기며 회개하였습니다. 이로써 가정이 회복되고 빅토르 위고는 새로운 생활을 시작했습니다. 그리고 정계에 진출하여 가난한 이들을 위하여 헌신하고, 많은 이들로부터 신뢰와 존경을 받으며 문교부장관까지 이르게 되었습니다. 그러나 그는 나폴레옹의 쿠테타에 반대하여 망명을 하게 됩니다. 이때 그는 불후의 명작 《장발장》《레 미제라블》《노틀담의 꼽추》 등의 작품을 발표하면서 가난한 이들, 소외된 이들을 위한 인도주의적 작가로 거듭납니다.

사랑과 희생 없이 탄생할 수 있는 위대한 것은 아무 것도 없습니다. 빅토르 위고에게는 불행하게도 사랑하는 딸의 비극적인 희생이 가정이 회복되고 새로운 삶, 위대한 작품을 탄생시킨 계기가 되었습니다. 사랑하는 딸의 비극적 죽음보다 더한 죽음이 있습니다. 그것은 자기 아버지도 아닌, 죄인을 위하여 대신 처형을 당한 예수 그리스도의 죽음입니다. 얼굴도 모르고 핏줄도 아닌 이들의 죄를 씻기고자 처형된 예수의 죽음은 너무도 큰 희생이기에 비극을 넘어 거룩함이 되었습니다. 구원이 되었습니다. 이 큰 희생이 헛되지 않도록 인류는 다시 어둠과 죄악에서 깨어나 거룩함에 이르러야 할 것입니다.

버리는 지혜

버리는 지혜를 지닌 사람만이 사랑할 수 있습니다.
꽃은 스스로 꽃을 버려야 열매를 맺을 수 있고,
강은 스스로 강을 버려야 바다가 될 수 있고,
새는 스스로 둥지를 버려야 하늘로 날아갈 수 있습니다.
나를 스스로 버린다면
사랑으로 온 세상을 얻게 될 것입니다.

몰입과 헌신의 기쁨

칭찬과 격려는 참으로 소중합니다. 그러나 칭찬과 격려보다 더 큰 세계가 있습니다. 그것은 칭찬과 격려의 포로가 되지 않고 자기 연민을 넘어 더 큰 세계에 자신을 바치며 몰입하고 헌신하는 것입니다.

욥은 자기의 재산과 몸까지 부서지는 고난을 겪으면서도 하나님을 전적으로 사랑했습니다. 아브라함은 자식을 바치고 순종하는 믿음으로 믿음의 아버지, 민족의 아버지가 되었습니다.

모세는 자기 인생의 40년을 바치고도 가나안에 들어가지 못했지만, 불평 한 마디 없는 헌신으로 살아 구약성서 가운데 가장 위대한 영도자로서 자신의 길을 완성했습니다.

자기를 만족시키는 작은 연민에 사로잡혀 칭찬과 상급에 연연하지 않고, 마음을 다하고 목숨을 다하고 정성을 다하여 주님을 사랑하며 거룩한 산 제사를 드릴 수 있을 때, 우리에게 비로소 자유와 평화, 영원한 기쁨과 생명이 찾아들게 될 것입니다.

인생의 방탄조끼

총이 만들어진 이후 방탄조끼가 만들어진 것은 미국의 남북전쟁 중이었다고 합니다. 이때 방탄조끼를 입고 전쟁에 참가한 남부군 병사는 방탄조끼를 과시하려고 언덕 위에 올라서서 자신을 쏘아보라고 외쳤다고 합니다. 그러자 적군이 조준하여 총을 쏘았습니다. 그런데 단 한 발의 총탄에 쓰러지고 말았습니다. 적은 방탄조끼를 쏘지 않고 머리를 쏘았던 것입니다.

사람들은 많은 돈을 벌거나 높은 자리에 오르거나 혹은 지식을 많이 갖든지 커다란 명성을 얻게 되면 마치 인생의 방탄조끼를 입은 듯 우쭐댑니다. 방탄조끼를 입었으니 누가 나를 쓰러뜨리랴!
"교만은 패망의 선봉이요, 거만한 마음은 넘어짐의 앞잡이니라" 하는 잠언의 말씀은 우리를 향하여 경고하고 있습니다. 몸도 방탄조끼로 다 가릴 수 없는데 우리의 인생을 그 어떤 것으로 방탄조끼 삼을 수 있겠습니까?

사람이 스스로 자신을 지킬 수 있는 인생의 방탄조끼란 없습니다. 오히려 돈과 높은 자리, 많은 지식과 커다란 명성을 얻을수록 총에 맞을 일은 더욱 더 많아지는 것입니다.

그러기에 일어선 줄 생각하면 넘어질까 조심하는 마음을 가지고 삼가 언행심사를 조심하여야 합니다. 많은 것을 모아 창고를 늘리면서까지 쌓아 두고 먹고 마시며 즐기는 어리석은 부자에게 "어리석은 자여, 오늘 밤에 네 영혼을 도로 찾으리니 네 준비한 것이 누구의 것이 되겠느냐." 하신 하나님의 말씀을 기억해야 합니다.

그러니 아침에 피었다 사라지는 안개와 같은 것이 피조물 인생들인 우리는 오직 하나님을 경외하고 하나님께 순복하는 마음으로 온유하고 겸손하게 살아야 합니다. 그 길만이 우리가 진정으로 가야 할 안전한 길이요, 진정한 생명의 길입니다.

리더십을 위한 7가지 조건

지도력에 대한 연구를 한 이들은 지도자들이 최상의 능력을 발굴하기 위해서는 몇 가지 기본적인 것을 갖추어야 한다고 합니다.

첫째는 정직입니다. 정직은 자기 내면의 목소리와 밖으로 내뱉는 말, 그리고 그에 따라 나타나는 행동, 이 모두가 일관성을 갖고 있어야 한다는 뜻입니다.

둘째는 주도적인 행동입니다. 주도적인 행동은 자유로운 선택과 이에 따른 책임을 수반하는 행동을 뜻합니다. 그리스도인들은 하나님의 가르침에 따라 자유롭게 선택하고 책임을 다해야 합니다.

셋째는 솔선수범입니다. 특별히 지도력은 스스로 앞서서 행하는 본을 보여야만 만들어집니다.

넷째는 도전입니다. 실패할 수 있다 하더라도 이를 극복할 수 있는 도전정신이 있어야 합니다. 실수는 있을지라도 지속적인 도전을 통해 실패하지 않고 승리하도록 하는 것입니다.

다섯째는 인내입니다. 인내하지 않고 가을에 열매를 맺을 수 있는 곡식이 없듯, 삶도 인내하는 시간을 통해 결실을 맺습니다. 참고 기다리는 기다림이 지도력을 만들어냅니다.

여섯째는 신뢰입니다. 인간관계에서 가장 기본이 되는 것이 신뢰입니다. 상호 신뢰가 만들어지지 않으면 지도자가 만들어질 수 없습니다.

일곱째는 분명한 목적입니다. 가치 있는 목적을 제시하고 이를 향하여 최선을 다할 때 지도력이 만들어집니다. 그리스도인들은 주 안에서 정직하며 주도적이며 솔선수범하고 도전하고 인내하며 신뢰하는 마음을 가져야 합니다. 그리스도인들은 하나님의 뜻을 성취하는 분명한 목적을 가져야 합니다. 이러한 이는 반드시 커다란 지도력을 갖게 될 것입니다.

독수리의 첫 비행

독수리는 둥지를 만들 때 가시나무 가지와 돌을 씁니다. 그리고 그 위에 새의 깃털을 얹어 포근하게 하여 알을 낳고 새끼를 부화하여 기릅니다. 그 새끼가 자라게 되면 어미 독수리는 깃털을 모두 둥지 밖으로 날려 보냅니다. 그러면 어린 새끼들은 돌 때문에 불편하고 가시나무 때문에 찔려서 둥지에 계속 있을 수 없게 됩니다. 바로 이 불편함과 아픔이 새끼 독수리에게는 스스로 날 수 있도록 하는 촉매제가 됩니다.

높은 하늘을 나는 모든 독수리의 첫 비행은 이 돌과 가시의 불편함과 아픔이 열어준 것입니다. 높푸른 하늘을 나는 성취와 자유와 기쁨을 맛보고자 한다면 불편함과 아픔을 기회로 삼아 자신을 허공에 던지는 용기가 있어야 합니다. 하나님께서는 약하고 안일한 영혼을 강하고 담대하게, 자유롭고 높은 존재로 만드시고자 우리에게 불편함과 아픔을 주시는 것입니다. 실로 고난을 겪지 않은 성자가 없으며, 실패를 겪지 않고 성공한 사람이 없으며, 패배를 통과하지 않고 크게 승리한 이가 없습니다. 뿐만 아니라 진정으로 높은 영성에 이른 성인은 거룩함만이 아니라 구차하고 힘든 나날도 소중한 순간으로 받아들임으로 이루어지는 것입니다. 진정으로 성공하며 승리하는 삶은 성공과 승리만이 아니라, 실패와 패배도 삶의 일부로 여기고 용기 있게 감사한 마음으로 삶에 뛰어들 때 얻게 됩니다.

의인 욥은 하나님께 복도 받았으니 화도 받지 않겠느냐며 흔들림 없는 대장부 같은 믿음을 보여 주었습니다. 이러한 태도에 이르는 것이 진정한 믿음을 갖고 인생을 성취하는 것이라 할 것입니다.

내가 얻은 대답

'바로 지금, 바로 여기, 숨 쉬고 앉아 있는 바로 이 몸, 이것 말고 나는 무엇이며 어디 있는가. 이것 말고 누가 살며 누가 죽어가고 있는가. 이것 말고 누가 하나님을 만나며 누가 천국을 찾아간단 말인가. 바로 지금, 바로 여기, 숨 쉬고 앉아 있는 바로 이 몸 말고.'
마음 깊은 곳에서 들려오는 이런 소리를 들었을 때, 저는 순수하고 커다란 사랑과 기쁨과 평안함의 흐름이 제 몸과 마음을 감싸안는 경험을 했습니다. 숨이 깊어지고 눈과 얼굴의 긴장이 풀리며 눈물이 고였습니다. 어깨의 긴장도 풀리며 몸이 더워지는 것을 경험했습니다. 어느날 길을 찾는 내게 하나님께서 주신 대답이었습니다. 하나님께서 주시는 보화는 저 밖에 멀리 있는 것이 아니라 바로 여기, 바로 지금, 이 한 목숨 안에 깃들어 있다는 환함이 찾아드는 것입니다.

'바로 지금, 바로 여기, 이 몸 말고도 값지고 소중한 은총이 어디 있단 말인가.'
감격이 온몸에 번졌습니다. 그리하여 모든 것을 주께 맡기고 주님

안에서 깊은 안식을 누리는 은혜를 입었습니다.
바로 지금, 바로 여기, 숨 쉬고 앉아있는 바로 이 몸.
이것 말고 나는 무엇이며 어디 있는가. 이것 말고 누가 살며 누가 죽어 가고 있는가. 이것 말고 누가 하나님을 만나며 누가 천국을 찾아간단 말인가. 바로 지금, 바로 여기, 숨 쉬고 앉아 있는 바로 이 몸 말고.

염소의 가르침

종교개혁자 루터와 츠빙글리가 알프스의 산을 오르고 있었습니다. 이때 좁은 다리 위에서 두 마리의 염소가 맞닥뜨려 노려보는 광경을 목도했습니다. 루터와 츠빙글리는 염소들이 외나무다리 위에서 한판 붙을 진귀한 싸움판을 구경하리라 기대했습니다. 그런데 희한한 광경이 펼쳐지고 말았습니다. 한 마리의 염소가 납작 엎드리자 다른 한 마리 염소가 그 위로 지나가는 것이었습니다.

루터와 츠빙글리는 충격을 받았습니다. 짐승들조차 길을 열어 주는 지혜가 있었구나. 부끄러운 마음으로 두 사람은 서로 화해의 악수를 나누었습니다. 왜냐하면 두 사람은 종교개혁에 관한 서로의 입장 차이로 서로 충돌하고 반목하고 있었기 때문입니다,

짐승들조차 화해와 공존의 지혜를 갖고 있습니다. 짐승들은 서로 먹이를 위하여 싸우지만 항상 그 싸움은 한판으로 끝이 납니다. 그러나 사람들의 싸움은 끝이 없습니다. 아까운 인생, 하나님께서 인간으로 살라고 목숨을 주시고 그것을 값없이 은혜로 주신 것일

진대 그 귀중한 보배를 다툼과 시기와 질투로 더럽혀서야 어찌 하나님 앞에서 낯을 들 수 있겠습니까.
일곱 번씩 일흔 번이라도 용서하며, 원수를 사랑하며 박해하는 자들을 위해 기도하라는 말씀이 우리의 가는 길이 되도록 우리는 묵상하고 순종하는 겸허함을 지녀야 합니다.

사랑은 성경의 진리

20세기 최고의 조직신학자로서 신정통주의를 이끌었던 칼 바르트는 세계적인 신학자들이 모인 세미나에서 이런 질문을 받았습니다.

"선생께서는 성경에 대한 많은 연구를 하셨는데 한 마디로 성경의 진리가 무엇이라고 말할 수 있겠습니까."

칼 바르트는 미소를 띠고 대답했습니다.

"성경은 결국 예수 사랑하심을 성경에서 보았네, 라는 한 마디로 요약할 수 있습니다."

그러자 그 자리에 참석한 학자들이 웃음을 터뜨렸습니다. 하지만 예수께서 인간을 사랑하셨다는 것이 성경에 대한 대신학자의 결론임은 분명합니다.

항상 결론, 그 진리는 간단한 것이 아니겠습니까.

현대에 이르러 모든 물질은 에너지로 바뀔 수 있다는 사실을 인간은 알게 되었습니다. 그래서 마침내 원자탄도 개발해냈습니다.

그런데 그 복잡한 물질과 에너지의 현상을 연구하고 연구한 끝에 얻은 결론은 간단한 방정식 하나입니다. 그것이 $E=mc^2$입니다. 즉 에너지는 질량×광속도의 제곱에 비례하여 발생한다는 것입니다. 이것이 복잡하게만 보이는 물질계의 에너지 현상을 정리한 20세기 위대한 물리학자 아인슈타인의 결론입니다.

신학과 성경에 대해서도 마찬가지입니다. 대신학자 칼 바르트의 결론은 결국 성경은 예수가 얼마나 우리를 사랑하셨는가를 보여주는 것뿐이라고 말합니다. 그럼에도 우리가 여전히 복잡한 생각으로 성경을 읽고 교회생활과 삶을 어려워하는 것은 무엇입니까? 사랑하는 것이 어렵기 때문 아니겠습니까. 성경이 어려운 것이 아니라 우리의 마음이 복잡한 것뿐이며 사랑하기에는 우리의 욕심이 너무 많고, 사랑하기에는 우리의 에너지가 부족하기 때문 아니겠습니까.

성경을 읽는 우리는 사랑할 수 있도록 자기 욕심을 버리는 가난한 마음에 이르는 노력을 해야 하고, 충분히 사랑할 수 있는 힘을 얻도록 기도해야 합니다.

3장

사랑의 기쁨으로

내가 너의 사랑으로
많은 기쁨과 위로를 받았노라

몬 1:7

사랑의 기쁨으로

나무를 심는 것은 희망을 심는 것입니다.
내일의 희망을 믿지 않고는 나무를 심을 수 없기 때문입니다.
나무는 긴 시간이 지나서야 열매를 맺거나 재목이 되니 말입니다.

나무를 심는 사람은 희망입니다.
나무는 오는 사람들에게 그늘을 드리워 주고
싱그런 공기를 마련해 주고
그 누군가의 집이 되어 주기도 하니 말입니다.
나무를 심는 사람은 희망입니다.

모든 것의 시작과 끝에는 기도의 삶이

생명이 있다 하며 숨을 쉬지 않는다는 말이 있을 수 없듯 기도하지 않으면서 믿음이 있다는 말 역시 있을 수 없습니다. 진정 믿음의 생활을 하는 이들은 기도로 시작하고 기도로 끝내는 생활을 합니다.

믿음이 있는 이들이라면 무슨 일을 하든 기도하는 마음으로 하고 무슨 어려움 속에서도 기도를 놓지 않을 것입니다. 그리고 어떤 영광스러운 일이 생기더라도 기도로서 감사함을 잊지 말아야 합니다. 그것이 주와 함께 가는 영성의 길입니다.

성공과 실패의 갈림길

실패하는 사람과 성공하는 사람들에겐 공통점이 있습니다.

첫째, 실패하는 사람은 자기가 바꿀 수 없는 것을 붙잡고 근심을 하나, 반면 성공하는 사람은 자신이 바꿀 수 없다면 자신의 일이 아닌 줄 알고 근심도 미련도 두지 않고 즉시 손을 뗍니다.

둘째, 실패하는 사람은 사소한 일을 끝까지 고집해 상대방을 불편하게 만들지만, 성공하는 사람은 일보다는 사람을 더 귀중히 여겨 사소한 일은 과감히 버리고 상대에게서 호의를 얻습니다.

셋째, 실패하는 사람은 남을 나와 똑같이 행동하도록 강요하지만 성공하는 사람은 나와 다른 것을 받아들이고 그와 조화를 이룹니다.

넷째, 실패하는 사람은 일을 시작하기도 전에 일을 두려워하고 끝까지 해 보지도 않고 일을 중도 포기하지만, 성공하는 사람은 실패의 위험이 있어도 과감히 도전하고 그 실패에서 배우고 다시 도전합니다.

다섯째, 실패하는 사람은 알면서도 합리화하며 반목하지만, 성공하는 사람은 실수를 기꺼이 인정하고 즉시 고치고 새롭게 계획하고 행동합니다.

성공과 실패는 동과 서의 차이처럼 먼 것이지만 그 시작은 삶에 대한 작은 태도에서 비롯됩니다. 주 앞에서 자신을 성찰하며 태도를 바꿀 수 있도록 기도한다면 그 누구라도 새로운 삶을 맞게 될 것입니다.

예수님의 산행

예수께서는 산에서 기도하시고 산에서 가르치시고 산에서 쉬셨습니다. 이 땅에서 십자가에 달리기 전날 밤마저도 그리하셨습니다. 이러한 데는 여러 이유가 있으셨을 것입니다. 그 중 한 가지는 산은 세속적인 복잡함과 탐심을 벗고 자기를 성찰하고 쉬며 기도할 수 있는 영적인 상태를 유지하는 데 큰 도움을 주기 때문일 것입니다.

영적인 생활에서 도움이 되기 위한 산행이 되려면 산행이 산을 정복하려 하는 것이 아니라 자기를 극복하고 정화하고 생명을 회복하는 여정이 되도록 해야 합니다. 이를 위해서는 최소한 고기를 구워 먹고 술에 취하는 습성을 가진 이들은 반드시 이를 벗도록 해야 합니다. 그런 습성은 육적인 것으로 산행의 영적 의미를 벗어나게 하기 때문입니다.

산행은 궁극적으로는 산으로 들어가 산과 함께 살아 있음을 교감하고 창조주께서 주신 본래의 것들, 흙과 물, 햇살과 맑은 공기를 흡수 교감하면서 그 일부로 머무는 것입니다. 그리고 그러한 가운데 하나님께 맑은 정신으로 기도하는 것입니다.
이렇게 한다면 산행은 본래의 깊은 생각을 되찾게 해 주고 단순해지는 묵상과 영성의 길을 열어 줍니다. 그래서 산행은 육의 건강과 쾌락을 위한 것이 아니라 영육의 바탕을 회복하고 정화하며 하나님의 임재를 경험하는 수행이 되게 합니다.

의로운 사업가

은행에서 돈을 대출 받았던 사업가가 있었습니다.
그는 1.4후퇴 때 은행에 찾아갔습니다. 빌린 돈을 갚을 수 있었기 때문입니다. 그러자 은행 직원은 이 난리통에 어떻게 될지 모르니 갚을 필요가 없다며 피난이나 가라고 했습니다. 그래도 이 사업가는 굳이 돈을 갚고 피난길에 올랐습니다.
전쟁이 끝난 후 그는 제주도에서 군부대에 생선을 납품하는 원양어업에 뛰어들 기회를 얻게 되었습니다. 이때 사업자금이 필요했습니다. 하지만 그에겐 대출을 받을 담보가 전혀 없었습니다.
그는 그래도 어찌하였든 은행에 찾아가 봐야겠다고 생각하고 은행에 찾아갔습니다. 그런데 놀랍게도 찾아간 은행의 은행장이 1.4후퇴 때 은행돈을 갚고자 찾아갔을 때 만났던 은행원이었습니다. 그는 바로 그 사업가를 알아보았습니다. 그래서 은행장은 담보도 없이 즉석에서 2억 원을 융자해 주었습니다. 담보보다 더 믿을 수 있는 것은 바로 사업가의 정신이었습니다.
이 이야기는 한국유리 창업주인 최태섭 장로님의 일화입니다. 이 일화는 믿는 이들이 세상에서 어떻게 살아야 하는가를 보여줄 뿐만 아니라, 하나님의 도우심은 어떻게 우리에게 임하시는가를 우리에게 잘 보여 주고 있습니다.
'여호와는 의로우사 의로운 일을 좋아하시나니 정직한 자는 그의 얼굴을 뵈오리로다.' (시 11:7)

꼬리에 꼬리를 물고 죄는

자동차를 몰고 가다 교통 경찰관에게 걸렸습니다. 경찰관이 차를 세우고 말했습니다.
"과속하셨습니다."
운전자는 이 이야기를 듣는 순간 자기도 모르게 이렇게 말했습니다.
"술 한 잔 했더니 정신이 없었습니다."
그러자 교통경찰관은 "음주운전을 추가합니다."라고 말했습니다.
이때 그 옆에 있던 아내가 말했습니다.
"무면허라 맨 정신에는 겁이 나서 제 남편은 운전을 못해서요."
교통경찰관은 "무면허운전을 추가합니다."라고 말했습니다.
그랬더니 이번에는 뒤에 앉아 있던 장모가 말했습니다.
"그것 봐라. 자동차를 훔쳐 타더니 오래 못 가지 않느냐."
이 말을 들은 경찰관이 말했습니다.
"자동차를 훔친 죄로 체포합니다."

우리의 삶의 길에서 죄는 꼬리에 꼬리를 물고 이어지는 것이며 죄가 드러나는 것도 꼬리에 꼬리를 물고 드러납니다.

그러하기에 거짓은 패망의 선봉이 되는 것입니다. 또한 분명한 것은 그 어떤 것도 드러나지 않는 것은 없다는 것입니다. 그러기에 우리는 우리가 먼저 하나님 앞에 나와 죄를 솔직히 자백하는 것이 현명한 길입니다. 그리고 각자의 잘못을 해당하는 이에게 사과하고 갚아야만 합니다.

우물을 잘 파는 비결

우물을 잘 파기로 소문난 업자가 있었습니다. 다른 사람이 포기한 곳에서도 그는 곧잘 물길을 찾아냈습니다. 사람들은 그의 능력을 신기하게 여겼습니다. 그래서 하루는 그에게 물었습니다.
"당신은 어쩌면 그렇게 우물을 잘 팝니까."
그가 대답했습니다.
"나는 우물을 파는 데 실패한 경우가 없습니다. 그래서 다른 사람이 실패한 곳에 곧잘 불려 다니지요. 내가 우물을 잘 파는 비결은 딱 한 가지입니다. 다른 사람은 물이 나올 곳을 골라서 파다 물이 안 나오면 그만 파지만 나는 아무 곳이라도 물이 나올 때까지 팝니다."

요령이나 기술보다 의지가 더 소중하고, 재주보다 마음의 자세가 더 중요하다는 것을 깨우치게 하는 이야기입니다. 우리가 사는 세상에서는 기술과 재주도 있어야 합니다. 조금은 요령도 필요할지 모릅니다. 그러나 이러한 것에 앞서 우리에게 필요한 자세가 있습니다. 시종일관하는 자세, 인내하고 견딜 수 있는 자세, 반드시 이뤄질 것이라는 신뢰와 믿음의 자세, 이것이 필요합니다.

새로운 약 하나를 개발하려면 평균 1만2천 번의 실패를 거치고, 유전 하나를 발견하는 데 평균 26번의 탐사를 해야 한다고 합니다. 그럼에도 이런 어려운 것을 뚫고 이룰 수 있게 되는 것은 가능성을 믿는 믿음의 자세, 그 자세 때문에 성취하고 마는 것입니다.

진리를 배우는 자세

한 수도원 랍비에게 세 젊은이가 찾아와 제자로 삼아 주길 간청했습니다. 랍비는 작은 쪽박 하나를 주면서 말했습니다.
"내일 아침 동이 트거든 저 냇가에 가서 이 쪽박으로 물을 길어 각각 자기 독에 물을 채우도록 하게."
이튿날 동이 트자 한 청년이 아주 똑똑한 어투로 따지듯 질문하였습니다.
"선생님 이 쪽박으로 물을 길어 독에 물을 채워 어디에 쓰시렵니까. 그 이유를 알아야 물을 길어 오지 않겠습니까."
그러자 랍비는 그 젊은이에게 집으로 돌아갈 것을 권유하였습니다. 하지만 젊은이는 다시 물었습니다.
"제 질문이 틀렸단 말입니까. 모든 일에는 목적이 있는 법인데 목적을 가르쳐 주셔야 하지요."
젊은이는 자기의 논리대로 자신의 정당성을 주장하였습니다.
잠시 눈을 감고 있던 랍비는 한 마디 말을 남기고는 자리를 떠 산

책길에 올랐습니다.
"자넨 이미 제자가 아니라 선생일세. 어찌 선생이 제자가 되고자 찾아오셨는가."

한 청년은 돌아가고 남은 두 청년만이 작은 쪽박을 가지고 냇가로 가서 물을 퍼 독이 있는 곳까지 오가며 계속 물을 날랐습니다. 그러나 워낙 독이 커 저녁이 되고 밤이 찾아왔지만 독의 절반도 채울 수 없었습니다.
이튿날도 두 청년은 일찍 일어나 작은 쪽박으로 물을 길었습니다. 그런데 그 날도 겨우 반밖에 채워지지 않았습니다. 심지어 한 청년은 자기 독에 담긴 물이 친구의 독에 담긴 물보다 적어 보이기까지 했습니다.
그 청년은 생각했습니다.
'아니 이 쪽박으로 어느 세월에 물을 다 채울 수 있겠는가. 그리고

내 친구가 나보다 더 빨리 물을 채우다니….'
그는 물지게를 빌려 물을 길어 그 밤에 자신의 독을 가득 채웠습니다. 아침이 되자 랍비는 물을 가득 채운 젊은이에게 집으로 돌아갈 것을 권유했습니다.
"선생님 이틀만에 독의 물을 가득 채웠으니 상을 주셔야지 어찌 되돌아가라 하십니까. 제자가 창의적으로 일을 빨리 하는 것이 잘못된 것입니까."

화를 내듯 따지는 청년에게 랍비가 대답했습니다.
"그것은 창조적인 것이 아니라 요령일세. 경청의 자세가 없고 인내심이 부족하여 나타나는 현상이지. 내가 언제 빨리 독의 물을 채우라 하였는가. 각자 자기 독에 물을 채우라 하였을 뿐이네. 진리를 배우고 익히려면 요령을 잘 부리는 것이 아니라 요령을 없애야 하는 것이네."
혼자 남은 젊은이는 그날도 그 다음날도 말없이 쪽박으로 큰 독에 물을 길어다 부었습니다. 정오의 뜨거운 햇살이 내리쬐어도 아무 말 없이 물을 길어다 부었습니다. 얼마 후 랍비가 젊은이를 불렀습니다.
"이제 됐네, 이제 나와 함께하기를 바라네."
그러자 젊은이가 물었습니다.
"선생님, 선생님께서는 저보다 더 똑똑하고 잘난 제 친구들은 다 돌려보내고 저같이 부족하고 어리석은 사람만 남으라 하여 제자로 삼으시는 까닭은 무엇입니까."

랍비가 대답했습니다.
"굳어진 땅에 씨를 뿌릴 수 없고, 가득 찬 독에 물을 더 부을 수야 없지 않느냐. 자기의 작은 논리가 작은 줄 모르고 귀를 닫아 버린 마당에 어찌 하늘의 진리를 가르쳐 줄 수 있겠느냐. 또 독이 작으면 금세 차 버리는 것이지. 독이 크면 클수록 다 채울 수 없고, 부족을 아는 영혼이어야 배움이 깃들게 되는 것이네. 그러니 작은 똑똑함이 아니라 큰 어리석음을 가진 이가 진실한 제자가 될 수 있는 것이네."

용서는 용서를 낳고

주일 예배 시간이었습니다.

목사님이 설교를 하는데 청년 하나가 꾸벅꾸벅 졸고 있었습니다. 순간적으로 화가 난 목사님은 청년 옆자리에서 열심히 듣고 있던 할머니에게 버럭 화를 내며 말했습니다.

"할머니, 그 청년 좀 깨우세요!"

애꿎게 야단을 맞았다고 생각한 할머니가 낮은 목소리로 말했습니다.

"재우긴 자기가 재워 놓고 왜 나한테 난리람!"

사람이란 본래 이성적인 것만은 아닙니다. 또한 꼭 따지고 짚고 넘어가는 것이 대수는 아닌 경우가 많습니다. 삶에서 일어나는 크고 작은 일들을 살펴보면 대다수 그냥 웃으며 넘어가도 될 일이 많고, 더구나 그렇게 웃고 넘어가는 것이 최상일 때가 많습니다.

우리의 짜증은 일 때문이 아니라 짜증스런 마음 때문에 일어나는 경우가 대부분은 아닙니까? 용서는 용서를 잉태하고, 사랑은 사랑을 낳고, 웃음은 웃음을 불러옵니다.

나귀의 욕심

수레를 끌고 가는 나귀 한 마리가 있었습니다.
수레에는 금은보화가 가득했습니다. 나귀는 자기 수레에 가득 찬 보화를 자랑스럽게 생각했습니다. 그래서 숲속 친구들에게 보화를 자랑했습니다. 하지만 숲속 친구들은 전혀 부러워하지 않고 즐겁게 노래만 불렀습니다. 나귀는 생각했습니다.
'쟤들은 내가 가진 것을 보지 못해서 들은 척도 안 하고 노래만 부르고 있지. 내가 얼마나 대단한지 모르고 말이야.'
그 후 마을을 지날 때마다 주인은 욕심이 많아 더 많은 보화를 실었습니다. 그때마다 나귀는 흐뭇했습니다. 나귀는 자기 목을 치켜세우며 숲속 친구들에게 더욱 으스대며 자랑했습니다. 그러나 숲속 친구들은 아랑곳하지 않고 여전히 즐거이 제 노래만 부르고 있었습니다.
나귀는 생각했습니다.
'쟤들이 내가 가진 보화가 배 아파서 노래만 부르고 있어. 못된 것들!'

그런데 며칠이 지나자 나귀는 수레의 짐이 무거워 지치고 말았습니다. 게다가 무릎이 망가지고 발굽이 병들어 일어설 수조차 없게 됐습니다. 그러자 주인은 병든 나귀를 버리고 말았습니다.
이때 나귀는 탄식하며 말했습니다.
'아, 수레의 짐은 내 것이 아니었구나. 나도 숲에서 즐겁게 풀을 뜯으며 뛰어놀아야 했을 것을!'
많은 사람들이 욕심 많은 주인을 내 마음의 주인으로 삼고 나귀처럼 살아가고 있는 것은 아닐까요.

계기 비행

비행기 조종사가 훈련을 받을 때 교관은 이렇게 강조한다고 합니다.

"비행기 조종석에 앉아서는 자신의 감각을 절대적인 것으로 믿지 말라. 특히 악천후 속에서 비행할 때나 고도가 높아질 때, 그리고 공중의 한복판에서 항로를 이탈했을 때는 더욱더 자신의 감각을 믿지 말라. 그때는 계기판을 보라. 계기판을 믿어라!"

실제로 어느 날 비행사가 비행을 하다가 악천후를 만나고 말았습니다. 그는 앞뒤를 분간할 수 없는 상황이 되자 그 상황을 벗어나려고 자기 나름의 여러 시도를 하였지만 방향조차 찾을 수 없었습니다. 어찌 할 바를 모르게 되었습니다. 그때 훈련 교관의 말이 떠올랐습니다.

"자신의 감각을 믿지 말고 계기판을 보라. 계기판을 믿고 따라가라!"

계기판은 자기가 느끼는 감각과는 판이하게 움직이고 있었습니다. 하지만 그는 교관의 말을 믿고 계기판에 따라 침착하게 행동하기 시작했습니다. 그러자 얼마 지나지 않아 구름과 비바람을 뚫고 안전하게 기지로 귀환할 수 있게 되었습니다.

우리의 인생길도 마찬가지입니다. 인생의 악천후를 만나 상처를 입고 당황하고 고통을 받을 때 우리의 감정과 감각에 의존해서는 안 됩니다. 우리의 감정과 감각에 의존하게 되면 우리는 더 깊은 어둠 속에 갇히게 되며, 더 큰 상처와 고통을 부르게 됩니다. 이러한 때에는 나의 감정과 감각에 의존하지 말고, 계기 비행을 해야 합니다. 성경 말씀이 안내하는 계기 비행을 통해 어려움과 고통을 극복해야 합니다.

성경의 계기판에 새겨져 있는 가난한 마음, 온유하고 겸손한 마음, 의를 위하는 마음, 용서하는 마음, 반석 같은 믿음, 주께서 함께 해 주신다는 약속의 계기판을 따라 움직여 나가야 합니다.

그리고 그 계기판을 보기 위하여 기도하며 하나님의 뜻을 묻고 그 뜻에 순복해야 합니다. 그렇게 한다면 머지않아 인생의 악천후를 잘 벗어나 빛나는 은혜 아래서 행복한 삶을 누리게 될 것입니다.

신입사원의 면접

한 우수한 기업에서 신입사원 면접이 있었습니다.
면접 시간은 새벽 4시였습니다. 그러나 새벽 4시가 지나 5시가 되어도 회사의 문은 열리지 않았습니다. 새벽부터 와서 기다리던 응시자들은 여기저기서 불만을 털어놓기 시작했습니다. 회사의 문이 열린 것은 오전 9시였습니다. 이때는 이미 기다리다 못한 상당수의 응시자들은 이미 집으로 돌아간 다음이었습니다.
면접이 시작되었습니다. 면접관의 질문은 시시하기 그지없는 것들이었습니다.
"한국의 수도는 어디입니까?"
"사람의 손가락은 몇 개입니까?"
"우리나라 대통령의 이름은 무엇입니까?"
이게 전부였습니다.
며칠이 지난 후 몇몇 사람들에게 편지가 배달되었습니다. 편지의 내용은 이러하였습니다.
'합격을 축하합니다.

첫째, 당신은 시간을 잘 지켰습니다. 우리는 당신이 새벽 4시에 오신 것을 보았습니다.
둘째, 당신은 인내심이 있었습니다. 우리는 5시간 동안 짜증을 내지 않고 기다리는 당신의 모습을 보았습니다.
셋째, 당신은 짜증날 만한 질문에 대해서도 온유하고 성실하게 대답을 잘하였습니다.'

세상을 성공적으로 잘사는 길은 무엇이겠습니까? 어렵고 복잡한 데 있는 것은 아닙니다. 약속을 어려운 중에도 잘 지키고 오랜 동안 기다릴 만큼 인내심이 있고, 짜증날 만한 일에도 온유하고 성실한 자세가 흐트러지지 않는다면 과연 실패할 수 있을까요? 이런 품성의 사람이라면 실패도 마침내 성공의 경험이 될 것입니다.
우리가 삶을 마치고 하나님 앞에 설 때도 마찬가지입니다. 남들이 지니지 못한 고도의 지식과 능력을 가졌는가가 아니라 하나님과의 약속을 잘 지키는 신실한 삶을 살았는가, 환란을 당하고 어려움이 있을 때에도 주를 믿고 인내하며 삶을 살아냈는가, 세상에 산재하여 있는 짜증날 만한 일들을 당했을 때마다 짜증을 부리지 않고 온유하고 겸손한 마음으로 살았는가 하는 것이 더 중요한 평가 기준이 아니겠습니까?

하나님이 주신 달란트

R.D 레인이라고 하는 영국 정신과 의사에게 한 여성환자가 찾아 왔습니다. 이 환자는 아주 예쁘고 매력 있는 여성이었습니다. 그런데 그녀는 희귀병인 경직성통합실조증이라는 질환을 가지고 있었습니다. 이 병은 심리적인 이유 때문에 갑자기 몸이 굳어져서 움직일 수 없게 되는 증상을 일으킵니다.

예를 들어, 무엇을 마시려고 하다가도 몸이 그대로 굳어져 버린 채 오랜 시간 그 상태가 계속되는 것입니다. 이를 치료하기 위해서 전기 충격과 여러 가지 약물 요법을 실시해도 근본적인 치료는 되지 않는다고 합니다.

의사 레인은 그 여성 환자에게 도움을 주고자 노력했지만 치유되지 않았습니다. 그러자 레인은 그 환자에게 자기 몸이 굳어지는 이 병 자체도 강점이 될 수 있지 않겠는가, 사람은 약점도 관점에 따라서는 강점이 될 수도 있으니 그렇게 하도록 노력하자라는 말로 위로했습니다.

그 후 한동안 그녀는 레인의 병원에 모습을 드러내지 않았습니다.

그런데 어느 날 그녀로부터 감사의 편지가 왔습니다. 그녀는 자기의 약점인 몸이 굳어지는 병을 강점으로 활용할 수 있는 일이 무엇일까 생각한 끝에 그림 모델이 가장 적합하다는 것을 깨달았던 것입니다. 몸이 굳어진 채로 한 시간 넘게 있어도 고통스럽지 않으니까 말입니다.

장대비가 내릴 때는 우산이 그렇게 소중하여도 비가 그치면 거추장스러운 것이 되고, 선글라스가 햇살 아래서는 그토록 유용해도 비가 내릴 때는 불필요한 것이 되듯 우리의 재능과 달란트도 마찬가지입니다. 약점과 강점이 꼭 따로 있는 것은 아닙니다.
닫힌 마음과 의식을 열고 자신의 재능을 가장 잘 사용할 수 있는 곳을 찾는다면 누구나 능력을 지닌 귀중한 사람, 누구나 행복한 삶의 길을 갈 수 있도록 지음 받은 것입니다. 하나님께서는 이 세상에서 꼭 필요한 각기 다른 재능을 우리에게 주셨습니다.

사막을 건너는 법

한 여행자가 사막에서 길을 잃었습니다. 목이 타 죽을 지경에 이르렀습니다. 그런데 그늘진 바위 아래서 작은 물병 하나를 발견했습니다. 물을 마시려 보니 물병에는 이런 쪽지가 매달려 있었습니다.
"이 물을 절대 그냥 마시면 안 됩니다. 큰 바위 옆 모래를 치우고 덮개를 열면 펌프가 나올 것입니다. 거기에 이 물을 부어 펌프질을 해서 물을 마시기 바랍니다. 머리도 감고 샤워도 하실 수 있을 것입니다. 그리고 물을 물통에 가득 담아 가실 수 있습니다. 그러나 단 한 가지를 기억하십시오. 다시 이 물병에 물을 담아 넣고 병마개를 꼭 닫아 놓으십시오."
그러나 이 여행자는 목이 탄 나머지 병에 든 물을 먼저 마셔 버리고 말았습니다. 그 결과 그는 얼마 후 사막에서 목숨을 잃게 되었습니다. 이 여행자는 한 순간의 해갈을 위하여 모든 것을 잃게 된 것입니다.
만일 우리가 하나님의 말씀을 따르지 않고 육체적 욕망과 자기감정에 따라 살면, 이 여행자처럼 인내심과 분별력을 잃게 되고 결국 생명을 얻을 수 있을 상황에서조차 목숨을 잃을 수 있습니다.

만일 이 여행자가 안내문에 따라 펌프에서 물을 길어 올렸다면 어떻게 되었겠습니까? 실컷 마시고, 깨끗하게 씻고, 물통에 물을 가득 담아 메마른 사막을 지날 수 있었을 것입니다. 뿐만 아니라 뒤에 오는 이에게도 생명의 물을 마실 수 있도록 하였을 것입니다.

한 사람이 한 순간 자신의 육체적 욕망과 감정을 조절하지 못하면 이처럼 자기만이 아니라 자기 뒤에 오는 이들과 자기 이웃과 자기가 속한 공동체의 생명을 끊을 수도 있습니다.

자기 육체를 따라 살지 않고 주의 말씀을 따르는 믿음과 분별력만이 우리를 생명의 길로 인도합니다.

아버지의 상자

두메산골에 매우 가난한 광부가 살고 있었습니다. 광부에게는 아주 명석한 아들이 있었습니다. 어느 날 아들이 아버지에게 자신의 꿈을 이야기했습니다.
"아버지, 저는 의사가 되어 가난한 사람들을 돕는 사람이 되고 싶습니다."
아버지는 대견하고 기뻤지만, 먹고 살기도 힘든데 어떻게 도시에 나가 의과대학에서 공부할 수 있게 할까, 걱정이 앞섰습니다. 아버지는 많은 생각과 기도 끝에 아들을 불렀습니다. 그리고는 큰 상자 하나를 보여 주며 말했습니다.
"애야, 네가 의사가 되겠다고 하니 참으로 대견하구나! 너는 마음 놓고 열심히 공부만 하거라. 그러면 아버지는 이 상자에 가득 돈을 모아 네 병원을 지어 주도록 하마!"
아들은 용기백배하여 도시에 나가 고학을 하며 어려움을 이겨내고 마침내 의과대학을 마치고 의사가 되어 돌아왔습니다.
아버지는 장롱에서 큰 상자를 꺼냈습니다. 그리고 상자를 열었습니다. 그러나 그 상자는 비어 있었습니다. 아버지는 거친 손으로 아들의 손을 잡고 말했습니다.

"네가 의사가 되겠다고 할 때 용기를 잃지 않고 너의 꿈을 이루도록 하기 위해 다른 방도가 없었단다!"

아들은 아버지의 손을 잡고 눈물을 글썽이며 말했습니다.

"아버지, 고맙습니다. 이 상자 속엔 아버지의 사랑과 믿음이 가득 차 있습니다. 이것은 제게 희망의 상자였습니다."

보이는 것, 물질만이 힘이 되는 것은 아닙니다.

바로 지금이 천국 갈 준비를 할 때

한 학생이 교수에게 질문을 했습니다.
"교수님, 사람이 죽는 준비를 하는 데 얼마나 시간이 필요합니까?"
"그거야 몇 분이면 되지!"
"교수님, 그러면 천당 가는 준비를 하는 데는 얼마나 걸립니까?"
"그것도 몇 분이면 되네. 예수님 곁의 십자가에 달렸던 강도는 죽기 직전 잠깐 예수 믿고도 구원 받지 않았나?"
그러자 젊은이는 안도의 숨을 내쉬며 고개를 끄덕이며 일어섰습니다.
"그렇다면 괜찮겠군요. 저는 이 세상을 실컷 즐기다 마지막에 가서 예수를 믿으렵니다."
이 말을 듣고 교수는 학생을 불러 말했습니다.
"이 사람아, 내가 한 마디 묻겠네. 자넨, 자네가 언제 죽을지 알고 있는가?"
"어떻게 알겠습니까! 그거야 모를 일이지요!"

"바로 그것이 문제일세."

천국 갈 준비를 할 가장 좋은 때는 언제입니까?
바로 지금 이 순간입니다.
천국은 어디에 있습니까?
바로 지금 우리 안에 예비되어 있습니다.
또한 지금이 바로 그 모든 은혜와 복을 누릴 만한 때입니다.

값은 아는 것 만큼

동료들에게 따돌림을 당하던 제자가 있었습니다.
실의에 빠진 그는 스승을 찾아가 물었습니다.
"선생님! 저는 견딜 수가 없습니다. 동료들이 나를 따돌리는데 아무래도 저는 너무나 비천한 존재인 모양입니다. 죽고 싶은 심정입니다."
조용히 듣고 있던 스승은 벽장 속에서 주먹만한 돌 하나를 꺼내 주며 말했습니다.
"이 돌의 가치가 얼마나 될 것 같은가?
시장에 나가 여러 사람들에게 물어 보고 오너라."
제자는 시장에 나가 채소장수에게 물었습니다.
"예끼, 돌덩이가 무슨 가치가 있어. 갖다 버리게!"
정육점에 찾아가 물었습니다.
"보통 돌은 아닌 것 같고…, 돼지고기 두어 근 값은 쳐 주겠네!"
이번에는 방앗간에 찾아갔습니다.
"내가, 돌을 좀 볼 줄 아는데…, 이 돌은 보통 돌이 아니군. 쌀 한 말값은 나가겠어!"

마지막으로 그는 돌아오는 길에 보석가게에 갔습니다. 보석상 주인은 무심결에 한번 흘낏 쳐다보더니 깜짝 놀라 정밀감정을 했습니다. 그리고는 이마에 땀을 흘리며 덜덜 떨리는 목소리로 말했습니다.

"당신이 받고 싶은 액수가 얼마요? 얼마를 부르든 내가 다 주리다. 이 돌은 사실은 가격을 매길 수 없을 만큼 엄청나고 희귀한 보석이요. 부르는 게 값이요."

스승이 제자에게 말했습니다.

"보아라! 가치는 가치를 아는 사람만이 그 가치를 인정하게 되는 것이네. 네 자신은 하찮은 돌덩이인가, 아니면 값을 매길 수 없는 보석인가? 사람의 가치는 스스로 정하는 대로 정해지는 것이네. 너는 너를 얼마짜리로 여기고 있는가?"

4장
믿음의 힘으로

믿음은 바라는 것들의 실상이요
보이지 않는 것들의 증거니

히 11:1

반드시 밀물 때가 온다

카네기는 철강 산업을 일으키고 성공한 인물입니다. 그의 사무실 벽에는 낡고 커다란 그림 하나가 일생 동안 걸려 있었다고 합니다. 이 그림은 유명한 화가의 그림이거나 골동품적인 가치가 있는 그림도 아니었습니다. 게다가 그림은 아름다운 것도 아니었습니다. 오직 커다란 나룻배 하나와 배를 젓는 노가 썰물에 밀려와 모래사장에 아무렇게나 나뒹굴고 있는 것이었습니다. 황량하고 절망스럽고 처절하게까지 보이는 그림이었습니다. 그런데 그 그림의 제목이 특별한 의미를 담고 있었습니다. 〈반드시 밀물 때가 온다〉. 누군가 카네기에게 왜 이 그림을 그토록 사랑하느냐고 물었습니다. 그러자 그가 대답했습니다.

"청년시절, 세일즈맨으로 이 집 저 집을 방문하면서 물건을 팔았는데, 어느 노인 댁에서 이 그림을 보았습니다. 그림이 매우 인상적이었고, 특히 〈반드시 밀물 때가 온다〉라는 글귀는 오랫동안 나의 뇌리에서 잊히지 않았습니다. 그래서 28세 되던 해에 그 노인을 찾아가 용기를 내 부탁했습니다. 세상을 떠나실 때 이 그림을 달라고."

카네기는 이 그림을 일생 소중히 간직하였습니다. 그리고 인생에는 '반드시 밀물 때가 온다' 라는 말을 믿고 살았습니다.

'믿음은 바라는 것들의 실상이요 보이지 않는 것들의 증거' 입니다.
당신은 앞날의 무엇을 믿고 바라며 사십니까?
실패입니까, 성공입니까?
이별입니까, 사랑입니까?
죽음입니까, 영원한 생명입니까?
지옥입니까, 천국입니까?
주께서 세상 끝까지 함께하신다는 말씀은 영원한 성공과 사랑과 생명과 천국이 너희의 것이라는 약속의 말씀입니다.

지적을 경청하라

조지 휘필드는 감리교를 창시한 존 웨슬리와 함께 영국에서 감리교를 부흥시킨 큰 인물입니다. 휘필드가 낙심하고 있을 때마다 그에게 영적 도움과 충고를 준 사람이 있습니다. 바로 헌팅턴 여사입니다.

어느 날 절망에 빠졌던 휘필드가 헌팅턴 여사에게 말했습니다.

"저는 모든 것을 다 잃었습니다."

그러자 헌팅턴이 대답했습니다.

"잃은 것들에 대해 감사하세요."

"왜 감사해야 한단 말입니까?"

헌팅턴은 확신에 찬 목소리로 말했습니다.

"주님은 잃은 자를 찾아 구원하러 오셨기 때문입니다. 만일 당신이 모든 것을 잃었다면 바로 당신을 위해 주님이 오셨기 때문입니다"

이 말에 휘필드는 힘과 용기, 확고한 믿음과 소망을 되찾았습니다. 인생의 길에서 좋은 믿음의 친구를 만나는 것은 정금보다 귀한 일입니다. 특별히 영적인 충고와 지지, 사랑과 용기를 주는 이를 만나는 것은 가장 복된 일입니다. 그러나 내 자신이 영적인 충고와 지지, 사랑과 용기를 줄 수 있는 사람이 되는 것은 복의 근원이 되는 길입니다.

사람은 떡만으로
살 수 없다

제2차 세계대전 당시 나치 정부가 유대인들을 학살시킬 때에 가장 큰 장애가 되었던 것은 독일군의 양심이었다고 합니다. 그래서 나치 정부가 고안해 낸 것은 유대인들이 인간이 아니라는 생각을 갖도록 하는 일이었습니다. 그래서 나치 정부는 유대인 포로수용소에 화장실을 하나만 두었고, 화장실 가는 시간을 하루에 10분씩 단 두 번만 주었습니다.

이는 유대인들이 고통에 시달리다 어쩔 수 없이 자기 밥그릇에 배변을 하도록 유도한 것입니다. 그리고 유대인들에게 목욕할 물은 커녕 세수할 물조차도 주지 않았습니다. 오직 제공되는 물은 새벽에 배급되는 한 컵의 물뿐이었습니다.

유대인들은 자기 밥그릇에 배변을 하고 씻지도 못하게 되자 짐승과 다름없는 지경에 이르렀습니다. 그러자 독일군들은 양심의 가책 없이 그들을 죽일 수 있게 되었습니다.

하지만 자신의 식기에 배변을 하면서도 새벽에 배급되는 한 컵의 물을 반만 마시고, 나머지 반 컵으로 이를 닦고 세수를 하며 온몸을 닦는 이들이 있었습니다. 이것은 인간으로서의 자존심을 지키기 위한 노력이었습니다. 놀라운 일은 이처럼 타는 목마름 속에서도 물을 다 마시지 않고, 반 컵의 물로 인간으로서의 자존심을 포기하지 않고 지킨 이들은 질병이나 학살에서 살아남게 되었다는 것입니다. 그래서 당시 포로수용소에서는 살고자 하면 '세수부터 하라' 는 말이 만들어졌다고 합니다.

인간의 생명과 존엄성은 무엇으로 지킬 수 있는 것입니까?
잘 먹고 좋은 것을 마시는 일만으로 되는 것은 아닙니다. 스스로 인간으로서의 자존심과 존엄함을 지키고자 육체적 물질적 욕망을 이기고 자기를 지키는 이에게 생명과 존엄함이 주어집니다. 사람은 떡만으로 사람이 되는 것은 아니기 때문입니다.

경 력

어떤 한 사람의 실패 경력입니다.

1832년 실직

1832년 입법부 의원 출마 낙선

1833년 사업 실패

1834년 입법부 의원 피선

1835년 부인 사망

1836년 신경쇠약

1838년 의장 출마 낙선

1843년 의회의 지명권 상실

1848년 재 지명권 상실

1954년 상의의원 출마 낙선

1956년 부통령 지명권 상실

1858년 상원의원 출마 2차 낙선

1860년 대통령에 당선

이 것은 바로 아브라함 링컨의 경력입니다.

사람은 결코 사회적 실패 때문에 실패하는 것이 아닙니다. 높은 가치를 지닌 목표, 그 이상을 향한 삶의 열정이 식고 절망할 때 실패하는 것입니다.

아브라함은 자기로 인하여 이 세상이 좀 더 나아지기를 꿈꾸며 일생을 바친 사람입니다.

모든 성공이 다 아름답고 모든 성공이 다 귀한 것은 아닙니다. 하나님 보시기에 아름다운 영적 사회적 가치를 지니고 있을 때에야 그 성공은 소중한 것입니다. 그리고 성공은 바로 그러한 꿈을 단 한 번만이라도 최후의 한 순간에 이룬다 하여도 족한 것입니다.

이블린 글레니의 축복

영국이 낳은 세계적인 여성 타악기 연주가 이블린 글레니. 그녀는 타악기 독주라는 새로운 지평을 연 사람입니다. 오케스트라나 밴드의 보조 악기로 여겨지던 팀파니, 드럼, 트라이앵글 등 타악기만으로 독창적인 독주회를 열어 전 세계에서 열광적인 반응을 얻고 있습니다. 그녀는 이러한 공로로 대영제국 훈장, 그래미상 등 십여 개의 상을 받았고 명예박사 학위를 다섯 개나 받았습니다.

이블린 글레니는 여덟 살 때 알 수 없는 귀 신경 마비 증세로 서서히 청각을 잃었습니다. 피아노에 재능을 보였지만 음악을 중단하게 되었습니다. 열여섯 살에는 귀가 거의 들리지 않았습니다. 하지만 이블린 글레니는 오케스트라에서 실로폰을 연주하는 친구의 모습이 너무 아름다워 타악기를 시작하기로 결심했습니다. 청각을 잃었지만 음악에 대한 사랑은 놓을 수 없었던 것입니다.

그녀는 귀 대신 몸으로 소리를 느끼는 독특한 훈련을 받았습니다. 맨발로 북을 쳤을 때 북의 미세한 진동이 발바닥으로 전해지면 그것으로 리듬과 소리의 강약을 가늠했습니다. 그리고 공기의 울림,

북의 떨리는 모양으로 소리를 감지하였습니다. 그 결과 그녀는 청각 장애인으로는 사상 처음 영국에서 가장 권위 있는 왕립 음악학교에 입학했습니다. 그리고 아침 일곱 시 반부터 밤 열 시까지 매일같이 연습했습니다. 밥을 먹을 때나 화장실에 갈 때도 악보만을 생각했습니다.

그러한 노력의 결과 그녀는 졸업할 때 최고의 성적으로 영국 여왕상을 탔습니다. 그리고 졸업 후에는 게오르그 솔티, 로얄 심포니와 같은 세계적인 연주가, 오케스트라와 협연을 하는 등 눈부신 활동을 하고 있습니다.

우리의 삶에서 실패와 좌절은 스스로 택하지 않는 한 존재하지 않습니다. 창조주께서는 스스로 돕는 이를 결코 버리시지 않기 때문입니다.

명작의 힘

프랑스의 화가 르누아르 소묘는 빛과 밝음, 그리고 그 안에 기쁨을 집어넣어 인생에 감추어진 위대한 아름다움을 열어보였습니다. 이토록 아름다운 세계를 연 그였지만, 그는 가난한 가정에서 태어나 도자기 공장의 공원으로 생활하였고 제대로 미술을 공부하지 못했습니다. 그에겐 당장 먹고 사는 것이 문제였고, 물감조차 살 돈이 없어 자신이 표현하고 싶은 색조차 마음껏 사용할 수 없을 때도 있었습니다.

그러나 그림을 포기하지 않은 르누아르는 1878년과 1879년 두 차례 모두 살롱의 심사를 통과하게 됩니다. 이후부터 그는 부와 명성을 얻으며 마음껏 작품에 몰두하게 되었습니다. 그런데 그의 이러한 자유와 행복은 큰 도전을 받게 됩니다. 심한 관절염이 손가락에 찾아온 것입니다. 관절염은 손을 거의 쓸 수 없는 지경으로 그를 몰아갔습니다. 그래서 그는 붓을 팔목에 매고 그림을 그렸습니다. 어느 날 한 방문객이 이 모습을 보고 물었습니다.

"선생님, 그런 손으로 어떻게 작품을 하실 수 있습니까?"

르노아르가 대답하였습니다.
"그림은 손으로 그리는 것이 아닙니다. 그림은 눈과 마음으로 그립니다. 교만한 붓으로 그린 그림은 생명력이 없습니다. 이 고통이야말로 내게는 값진 스승이 됩니다."

상품은 재능과 대량 생산의 시스템으로 만들 수 있습니다. 그러나 명작은 다릅니다. 진정 훌륭한 작품은 고난 속에서도 삶의 아름다움을 볼 수 있는 눈과, 사랑하는 마음과 헌신으로 이루어지는 것입니다.
우리의 삶, 우리의 믿음 역시 재능과 성공의 실적으로 이루어지는 것이 아니라, 고통 속에서도 하루하루 진실한 마음에서 나오는 사랑과 헌신으로 초극하는 과정을 통하여 이루어져 가는 것입니다.

요강을 닦는 사람

옛날 어떤 동네에 아주 똑똑한 청년이 살았습니다. 그는 머슴이었습니다. 그는 비록 가난해서 머슴살이를 하지만 자신의 처지를 비관하거나 부끄러워하지 않고 오히려 열심히 일했습니다. 그는 매일같이 주인의 요강도 깨끗이 닦아놓았습니다.

어느 날 모든 일에 성실하기 그지없는 이 머슴의 자세에 주인은 크게 감복했습니다. 그래서 이 청년이 머슴으로만 살기에는 아깝다고 생각해 평양에 있는 숭실학교로 보내 공부를 시켰습니다. 청년은 주인의 기대에 어긋나지 않고 우수한 성적으로 학교를 졸업하고, 고향 오산으로 내려와 오산학교의 선생이 되었습니다. 이 머슴이었던 청년이 바로 민족지도자요, 독립운동가였던 조만식 선생님입니다.

그는 제자들이 인생 성공 비결을 물으면 이렇게 대답하였다고 합니다.

"여러분이 사회에 나가거든 요강을 닦는 사람이 되십시오."

이 말은 귀천 없이 자신에게 주어진 일에는 최선을 다하라는 것이요, 이웃과 세상을 성실히 잘 섬기라는 말씀일 것입니다. 무슨 일을 하든 주께 하듯 하고 사람에게 하듯 하지 않는다면, 그리고 진실로 섬기고자 한다면, 그는 섬김을 받으며 존귀한 삶을 이루게 될 것입니다.

알지 못하고 저지르는 죄

새로 교회에 나온 부부가 있었습니다.

그들은 항상 어디를 가나 손을 서로 꼭 잡고 붙어 다녔습니다. 예배 중 성찬을 받기 위해 강단 앞으로 나올 때도 손을 잡고 나왔습니다. 그리고는 떡을 떼고 포도주를 마실 때에도 남편이 떡과 포도주를 부인의 입에 넣어주었습니다.

사람들은 별난 이들이라 여기며 민망스러워하였습니다. 그들의 행동에 대해서 교우들은 수군거리기 시작하였고, 그들에게 나쁜 과거가 있었던 것처럼 소문이 나기까지 하였습니다.

목사님도 염려가 되어 하루는 그들 부부를 목사실로 청했습니다. 그들은 목사실로 들어오면서도 여전히 손을 붙잡고 들어왔습니다. 목사님은 소문대로 이 사람들이 역시 문제가 제법 심각하다고 생각하였습니다.

"두 분이 너무 다정히 손을 잡고 다니시는 것이 때론 민망스럽게 여기는 분들도 있어 이렇게 오시라 하였습니다."

그러자 남편이 먼저 말했습니다.

"목사님 저희는 소경은 아니지만 시력이 둘 다 나빠서 서로 의지하고 다녀야 할 형편입니다. 특별히 제 아내는 거의 실명 위기까지 와서 제가 도와주지 않으면 일상생활은 물론 교회 생활을 거의 할 수 없는 지경입니다."

순간 목사님의 얼굴이 화끈 달아올랐습니다. 이야기를 전해들은 교우들도 마찬가지였습니다.

그 후 교회에서는 층계로만 되어 있던 예배당 출입구 한쪽에 장애인이 다닐 수 있는 길을 만들었고, 성찬식 때에는 목사님께서 이들 부부에게 특별히 직접 떡을 떼어 넣어 주었습니다.

십자가의 기쁨

스토아학파는 정신적인 기쁨을 추구하는 쾌락주의 철학자들입니다. 이들의 철학적 목표는 어떻게 하면 삶을 가장 기쁘고 행복하게 살 수 있을 것인가 하는 것입니다. 스토아학파의 한 사람인 세네카의 비문에는 이런 글이 새겨 있습니다.
"슬기로운 사람은 어떤 일도 마지못해 하지 않는다. 슬기로운 사람은 어떤 일도 의무라고 생각하지 않는다. 의무가 그에게 강요하는 것조차 기꺼운 마음으로 해내기 때문이다."

어차피 주어진 일이라면, 그리고 피할 수 없는 것이라면 즐겁게 하는 것이 얼마나 슬기로운 일입니까. 억지로 혹은 의무로 행하는 한 영혼의 기쁨과 삶의 보람은 사라지고 마는 것입니다. 기왕에 주어진 일이라면 기쁘게 행하여 삶의 행복을 잃지 않도록 하는 것이 슬기로운 일입니다.
이는 신앙의 여정에서도 마찬가지입니다.
사람들에게는 마땅히 져야 할 십자가가 있습니다. 어차피 신앙적인 책임으로서 져야 할 십자가가 주어진 경우라면 기쁜 마음으로 바짝 당겨서 짊어져야 합니다. 그러면 훨씬 힘이 덜 들고 수월해집니다. 그렇게 될 때 그 십자가는 마침내 은혜가 되고, 감사가 되고, 승리가 되고, 구원이 됩니다.

하나님의 선택을 받는 길

인생의 길, 믿음의 길에서 입는 커다란 은총 중의 은총이라 하면 그것은 무엇보다 하나님의 선택이 임하는 것을 체험하는 것입니다. 그렇다면 어떻게 하나님의 선택을 받을 수 있겠습니까? 초등학교 수업시간에 "저요, 저요!" 하고 손을 들고 시켜 달라고 하듯 손을 들면 되는 것일까요? 그렇지 않습니다. 오히려 나는 할 수 있다고, 나는 답을 맞출 수 있다고, 나는 남들보다 더 잘할 수 있다고, 기회는 내게 달라고 "저요, 저요!" 손들고 외치고 싶은 심정이 사라지는 지경에 이르러야 합니다.

그리고 오직 고요히, 선생님을 믿고 또 믿기에 반드시 그분은 나를 택할 것이라는 것을 믿고 손도 들 필요를 느끼지 않는 신뢰 가운데 고요히 기다릴 때 홀연히 하늘의 선택이 임합니다. 곧 절대 피동의 상태 속에서 절대 신뢰를 가지는 것입니다.

산행을 할 때 오를 때까지 다 오르면 정상에 이르게 됩니다. 이 때 산 아래를 둘러보면 보람 있고 만족스럽습니다. 오르는 길이 고생스럽고 위험하였으면 그만큼 더 큰 보람과 만족을 누리게 됩니다.

그리고 위를 바라보면 더 이상 갈 곳이 없는 높은 하늘만이 열려 있어 하늘만 바라보게 됩니다. 바로 이 지점의 경험처럼 보람과 성취, 만족의 기반 위에서 더 이상 갈 수 없음의 한계가 교차하는 자리, 이 자리를 기다리는 것입니다. 이러한 자리에서 하늘을 향해 마음을 열고 믿고 기다리는 것입니다.

그리스도교는 기다림의 종교입니다. 행동의 까불거림과 마음의 시끄러움이 사라진 지경, 잘남의 우쭐거림과 비교에서 오는 출렁거림이 사라진 지경에서 만족과 믿음을 깔고 앉아서 바위처럼 하늘만을 바라보고 기다리는 것입니다. 그러면 홀연히 하늘의 음성이 임하고 불림을 받을 수 있는 자세가 이루어지는 것입니다. 오늘 우리시대와 이 시대 종교의 연약함과 경솔함과 천박함은 "저요, 저요!"하고 시켜달라는 정도가 아니라 제멋대로 인간의 탐욕스런 욕망으로 무엇이든 자신들이 할 수 있다고 외치는 것입니다.

용서

영적인 면에서 삶은 산행에 비유되고, 산행은 곧 정복하는 등산이 아니라 자신을 발견하고 정화하며 성숙시키는 수행으로 여깁니다. 우주를 지으시고 지구에 숲과 산을 주신 창조주 하나님의 은혜를 알고 산행을 하는 이는 이 말의 참뜻을 압니다.

만일 우리가 산행 중에 뱀에게 물렸다고 하면 어떻게 할 것입니까? 자신을 물은 뱀을 끝까지 쫓아가서 죽일 것입니까, 아니면 뱀에 물린 자기를 우선 치료하고 독을 제거할 것입니까?

그 답은 분명합니다. 독을 먼저 제거하고 자기의 생명을 구하는 일이 급선무일 것입니다. 그러나 사람들은 인생의 길에서는 그렇게 하지 않습니다. 죽어가는 자신을 생각하지 않고, 끝까지 쫓아가서 보복을 하고 죽이려 합니다. 결국 용서하지 않는 삶은 이와 같은 것이니 말입니다. 용서할 수 없어서 분노와 증오심을 버리지 못하면 결국 자기 몸과 마음이 병들고 실패할 수밖에 없으며, 하나님으로부터도 멀리 떠나게 되기 때문입니다.

용서는 현명한 길이요, 자신을 살리는 길입니다.

당한 것이 억울하고 또 억울하다 해서 자기 목숨까지 잃게 된다면 더욱더 억울하기만 한 것이 되고 맙니다. 그러하기에 억울하면 억울할수록 더 깊이 기도하며 마음을 정돈하여야 합니다. 그러한 이만이 물린 뱀으로 인하여 목숨을 잃지 않고, 자신의 생명을 보호하게 됩니다.

예수의 참 모습을 따라야

레오나르도 다 빈치가 몇 년 동안 고생해 완성한 〈최후의 만찬〉을 공개하기 위해 지인들을 초청했습니다. 천이 벗겨지고 드디어 작품이 모습을 드러냈습니다. 순간 사람들의 입에서는 탄성이 흘러나왔습니다. 한 친구가 상기된 표정으로 말했습니다.

"정말 대단한 작품이군. 예수의 손에 들린 저 광채 나는 유리잔을 보세요. 대단하지 않습니까?"

그때 레오나르도 다 빈치가 붓을 들어 유리잔 부분을 뭉개 버렸습니다. 깜짝 놀란 사람들을 향해 레오나르도 다빈치가 말했습니다.

"이 작품은 실패한 것입니다. 나는 여러분의 시선이 예수의 얼굴에 집중되기를 원했습니다. 그런데 유리잔에 시선이 모아졌다면 그것은 제 의도를 벗어난 것입니다."

그는 유리잔이 예수의 표정을 가리지 않도록 다시 그림을 그려 완성시켰습니다.

예수께서 쓰셨던 유리잔이 제아무리 값지고 비싼 것일지라도, 예수께서 사용하셨던 접시와 옷이 제아무리 아름답고 귀중한 것일지라도, 우리가 예수를 따르는 것은 그분의 행적과 가르침 그리고 그분의 사랑과 구원의 능력 때문입니다. 그러한 점에서 살펴보면 예수께서는 값진 유리잔이나 접시를 쓰지 아니하시고, 호화로운 옷을 걸치지 않으셨던 점을 배워야 합니다. 주께선 오직 단순한 삶, 소박한 생활, 온유하고 겸손한 인품으로 사셨습니다. 이러한 모습으로 예수를 모시지 못한다고 한다면 오늘날 우리의 현실은 예수 없는 신앙생활, 예수 없는 교회가 되고 맙니다.

우리의 마음과 교회에서 모든 복잡하고 화려한 것을 지우고 단순한 예수님의 가르침과 삶, 예수님의 인격과 영성만이 눈에 띠도록 해야 할 것입니다.

애정 어린 충고

미국의 유명한 컨트리 뮤직 가수 중 조니 캐시라는 사람이 있습니다. 그는 10년 동안 알콜 중독에 시달렸고 마약도 복용했습니다. 결국 그는 마약을 소지하고 있다 발각되어 유치장에 갇히게 되었습니다. 그런데 그를 유치장에 가두게 된 사람은 바로 조니 캐시의 열렬한 팬이었던 랠프 존스라는 경찰관이었습니다.

시간이 지나고 마침내 조니 캐시가 유치장에서 풀려나게 되었습니다. 풀려나던 날, 경찰관 랠프 존스는 조니 캐시에게 말했습니다.

"나와 내 아내는 당신의 열렬한 팬입니다. TV로 당신을 보고 라디오와 오디오로 당신의 노래를 듣고 있습니다. 당신을 내 손으로 유치장에 수감한 날 나는 집에 돌아가 내 아내와 손을 잡고 울었습니다. 당신을 사랑하는 많은 눈동자가 당신을 지켜보고 있다는 것을 잊지 마십시오."

존스 경찰관의 이 한 마디에 조니 캐시는 큰 충격을 받았습니다. 그는 그 사랑의 충격에 정신이 들었습니다. 나를 아끼고 나에게 기대를 거는 저 사람들의 사랑을 어찌 버릴 수 있단 말인가? 그는 용기를 냈습니다. 그리고 피나는 노력 끝에 알코올과 마약에서 벗어났습니다. 인생과 하나님을 찬미하는 노래를 새롭게 불렀습니다.

주님은 우리에게 말씀하십니다.
"내가 너를 얼마나 사랑하는데 아직도 죄와 악습의 유치장에 갇혀 지내는가? 나는 너의 인생을 찬미하는 노래를 듣고, 아름다운 믿음의 향기를 흠향하고 싶구나! 내가 너를 정죄하고 너를 심판하는 일을 내게 맡기지는 말거라! 내가 너를 사랑하고 너의 죄를 씻기기 위하여 십자가 위에서 흘리는 나의 피와 땀을 보거라!"

믿음의 진리를 깨달은 사람

일본 기독교의 영적 스승이요, 빈민의 아버지인 가가와 도요히코는 21세가 되었을 때 소년 시절부터 앓기 시작한 폐결핵이 심해져 희망을 잃고 죽음을 앞두게 되었습니다. 그는 병상에 누워서 이런 생각을 하였습니다.

'나는 지금 희망이 끊어져 자살을 계획하고 있는데 내가 믿는 하나님도 자살을 계획해 본 일이 있을까?'

가가와 도요히코는 자신에게 던진 이런 질문에 스스로 그럴 수 없다고 대답하였습니다. 왜냐하면 성경에 나타난 하나님은 사랑의 하나님이고, 끝까지 노력하는 하나님이며, 해야 할 모든 일을 성취하는 분이셨기 때문입니다. 이는 곧 오직 인류를 향한 하나님의 사랑이었습니다. 그 순간, 가가와 도요히코는 믿음의 진리를 맞이하게 되었습니다.

'하나님은 오직 인류를 향한 사랑 때문에 끝까지 포기하지 않으시고 모든 일을 성취하신다. 하나님은 사랑이시다!'

그는 벌떡 일어나 자기의 몇 가지 살림살이를 달구지에 싣고 그 길로 빈민굴로 들어갔습니다. 그 곳에서 병들어가는 이들의 피고름을 입으로 빨아내며 그들을 사랑으로 치료하기 시작했습니다.

그는 빈민굴로 들어가면서 이렇게 일기를 썼습니다.

'나는 이제 죽었다. 이제부터 새롭게 사는 것이다. 죽음의 선을 건너서 영원한 삶을 시작한 것이다.'

빈민굴로 들어간 그는 죽어가는 자기 목숨도 되찾았고 영적인 새 삶의 터전을 얻어 영원한 삶을 일구어 나갔습니다.

육신의 모태는 유한한 삶을 주지만, 믿음의 모태는 영원한 생명으로 인도합니다. 그리스도 안에서 육신이 태어남은 영원한 생명으로 다시 태어나기 위한 예비적 은총입니다.

5장
오직 사랑의 힘으로

사랑하는 자들아 하나님이 이같이 우리를 사랑하셨은즉
우리도 서로 사랑하는 것이 마땅하도다
요일 4:11

존재의 가벼움에
이르고자 하면

산행 중에 가파르게 비탈진 산길을 힘도 들이지 않고 가뿐하게 넘어가는 백발의 노인을 봤습니다. 나이가 들면 더욱 외로워지는 법인데 그 분은 혼자 산행을 하고 계셨습니다. 젊은 사람도 숨이 찰 만한 언덕을 쉽게 넘고, 무리에서 벗어나 혼자 산행을 하는 그 분을 보고 예사롭지 않은 멋을 발견했습니다. 그 분은 자신이 가야 할 자신만의 길을 알고, 독립적으로 제 길을 갈 수 있는 분임에 틀림없습니다. 인생의 가파른 산비탈도 이 노인처럼 홀로 가벼이 웃으며 넘어갈 수 있으려면 어찌해야 합니까.

첫째, 존재의 가벼움에 이르러야 합니다. 이를 위해서는 무엇보다도 우선 죄를 벗어야 합니다. 이 하늘 아래 무쇠보다 납덩이보다 무거운 것이 죄입니다. 언제든 저지를 수 있어도 스스로 씻을 수 없는 것이 또한 죄입니다. 예수 그리스도께 의탁하여 죄를 씻어야 합니다. 그러면 그 죄가 주홍빛과 같다 하여도 눈과 같이 희어질 것이며 진홍빛과 같이 붉어도 양털과 같이 희어질 것입니다.

둘째, 상처를 씻어야 합니다. 아무리 잘 달리는 용사라 할지라도 화살에 맞아 상처를 입으면 달릴 수 없습니다. 우리는 인생의 길에서 수없이 많은 크고 작은 상처를 입으며 살아갑니다. 상처를 스스로 씻는 최상의 비법은 용서입니다.

용서는 상대편과 함께하는 것이 아닙니다. 이것이 화해와 다른 점입니다. 화해는 상대편과 함께합니다. 그러나 용서는 홀로 주님과 함께하는 것입니다. 이것이 용서와 화해의 근본 차이입니다. 그리고 용서는 자기 몸에 퍼지는 독을 스스로 씻어내는 것이기도 합니다. 그리고 이 길에서 용서하는 자도 하나님의 용서를 받게 됩니다. 일곱 번씩 일흔 번이라도 주께서 용서하라고 하신 까닭은 우리 자신의 생명을 보호하기 위한 사랑의 가르침입니다.

셋째, 말을 줄여야 합니다. 많은 말은 존재의 밑바닥에 구멍을 내고, 우리가 가는 인생의 길에 덫을 놓습니다. 말을 많이 하지 말고 많이 듣고, 많이 생각하는 습성을 길러야 합니다. 그러면 실수가 줄고 생각의 깊이가 더해지고 존재에 힘이 고입니다. 이러한 가운데 많이 웃는 이는 자신과 남들에게 말없는 많은 도움을 주게 될 것입니다.
넷째, 남을 판단하지 말아야 합니다. 주께서 말씀하셨습니다.
'남을 판단하지 말라! 판단하는 그 판단으로 판단을 받을 것이다!'
남을 판단하면 반드시 판단이 되돌아옵니다. 하나님께서도 판단하실 것입니다. 그것은 우리를 무겁게 만듭니다. 그리고 인생의 급한 산비탈을 돌아갈 때 폭풍우가 되어 우리를 넘어뜨립니다. 원수는 외나무다리에서 만난다 함과 같습니다. 생각 없이 남을 판단하는 악습에 젖은 이는 늘 비 맞은 축축한 몸으로 길을 가는 형국이 됩니다. 더욱이 부정적 생각으로 곡해와 편견을 만드는 이는 자신의 영혼을 더욱 병들게 하고 남들에게 상처를 입히고 죄를 짓는 일이 됩니다. 그리고 가정과 직장과 공동체를 깊은 늪 속으로 밀어 넣습니다.
권면이나 건의할 말이 있다면 그를 위하여 세 번

을 기도하고, 그리고도 할 말이 있다면 그때 말해야 할 것입니다. 그리고 말할 때는 솔직히, 직접, 조용히 말할 수 있도록 준비하고, 준비가 된 후에 말해야 합니다. 그럴 수 없다면 진실이 아니요 나의 잡념일 뿐입니다. 그리고 스스로 아닌 줄 알고 그냥 지나칠 일입니다.

실로 높은 영성의 길로 가벼이 웃으며 가려면 거룩한 사랑으로 눈이 멀어 남을 판단하지 아니하고 그를 위하여 기도하며 가야 합니다.

다섯째, 선행이 아니면 남의 일에 끼어들지 말아야 합니다. 여기에서 벗어나는 것은 간섭이 될 것이며, 아까운 인생을 낭비하는 어리석음이 될 것입니다. 강도 만난 사람을 도와준 선한 사마리아 사람은 자신의 길을 가는 중 피할 수 없이 자신에게 주어진 책임이기에 선행을 한 것입니다.

각자 매순간 자신의 삶에 진실하고 최선을 다하며 갈 일이지, 도움도 청한 일이 없는데 남의 일에 끼어드는 것은 어둠이거나 어리석음입니다. 인생은 함께 있을지라도 가는 길은 다르며, 서로 길은 다를지라도 서로 사랑하며 가는 길 위에 있습니다.

여섯째, 작은 아집을 벗고 크신 하나님의 뜻에 순종하여야 합니다. 우리는 아담의 짜릿한 불순종을 버리고, 예수 그리스도의 침묵의 순종, 십자가의 순종을 따라야 합니다.

작은 시냇가에서 놀 때는 물살을 거슬러 올라가는 재미로 놀 수도 있습니다. 그러나 큰 강을 건널 때 물살을 거슬러 건너려다 보면 십중팔구 익사하고 맙니다. 태평양과 같은 바다를 건너는 배는 물살만이 아니라 바람을 무시하지 못하고 다닙니다. 적도 무풍과 편서풍의 흐름을 타고 다니는 것입니다.

흐름을 거슬러 올라가는 분수는 자기 쇼일 뿐입니다. 그러나 순리를 따라 크게 흐르는 강은 물고기가 집을 짓고 새끼를 낳고 살 뿐 아니라, 농사짓는 이들에게 풍요로운 들판을 만들어 줍니다. 인간을 먹여 살리는 것입니다. 분수의 짜릿함을 그만 버리고 큰 강의 심심함과 말없음에 이르는 큰 존재가 되어야 합니다.

시냇가에서 물살을 거스르는 짜릿함과 같은 작은 인간의 아집, 저항심과 반항이 주는 짜릿함에 빠져서는 큰 강과 바다를 건너고, 하나님께 쓰임을 받아 많은 이들에게 도움이 될 수 없습니다. 작은 짜릿함을 벗어나 커다란 흐름을 타는 순종을 배우고 익혀야 합니다. 그래야 하나님께서 택하여 쓰실 것이며, 세상에 도움이 되고 더 크게는 세상이 그를 따르게 됩니다. 예수께서는 십자가의 죽음 앞에서조차 "나의 뜻대로 마옵시고 당신의 뜻대로 하옵소서."라며 하나님께 순종함으로 인류의 주인, 주님이 되는 길을 보여주셨습니다.

아담의 짜릿한 불순종을 버리고, 예수 그리스도의 침묵의 순종, 십자가의 순종을 따르면 그 길에서 큰 성취를 얻고 주님과의 일치를 경험하게 될 것입니다. 그러한 이는 홀로 가벼이 인생의 비탈길을 웃으며 넘어가게 될 것입니다. 마침내 사망의 음침한 골짜기라도 홀로 가벼이 넘어가게 될 것이며 주와 함께 영원의 문지방을 넘게 될 것입니다.

거룩한 산 제사

삼라만상의 살아 있는 모든 것은 희생제사로서 삶을 완성시켜 나갑니다. 이것이 예배의 본질이기도 합니다.

나무는 차가운 비와 거친 바람, 뜨거운 태양과 무더위를 견디며 자라나 열매를 맺습니다. 그런 연후에 나무는 그 열매를 날짐승과 들짐승, 그리고 사람들의 먹이가 되어 줍니다. 자기의 열매를 바쳐 희생의 제사를 드리는 것입니다. 그리고 나뭇잎은 낙엽이 되어 썩고, 그 썩음으로 대지를 기름지게 만듭니다. 잎을 대지에 바치는 희생의 제사로 대지를 풍요롭게 하는 것입니다. 또한 대지는 그 어떤 씨앗이라도 품고 자라나게 합니다. 나무들이 깊이 뿌리를 내리면 내리는 대로 받아줍니다. 그리하여 튼튼히 나무가 자라나도록 지켜 줍니다. 그리고 대지는 들짐승들이 대지 위에서 자라나며 뛰어놀도록 너른 터전을 제공합니다. 그들이 밟고 뛰놀며 자라나도록 허락하는 것입니다. 대지는 식물과 동물, 뭇 살아 있는 것들의 삶을 위하여 말없는 희생의 제사를 드리는 것입니다. 그리고 동물들은 자신의 몸을 다른 짐승이나 사람들의 먹이가 되어 생명과 건강을 유지시켜 줍니다. 희생의 제사를 드리는 것입니다.

사람의 세계도 마찬가지입니다. 부모는 자식을 위한 희생으로 자식을 기릅니다. 아내는 남편을 위한 희생으로 사랑을 키워가고, 남편은 가족을 위한 희생으로 가족을 지켜나갑니다. 스승은 제자들을 위한 희생으로 제자를 일깨우고 진리에 이르게 합니다. 그리고 그리스도는 인류를 위한 십자가의 희생으로 인류를 깨어나게 하며 구원을 완성시킵니다. 이처럼 희생의 과정을 통하여 우주 내의 생명은 새로운 생명을 탄생시키고, 서로를 자라게 하며, 자신을 완성시켜 나가고 있습니다.

'너희 몸을 하나님께서 기뻐하시는 거룩한 산 제물로 드리라. 이는 너희가 드릴 영적 예배니라.' (롬12:1)

예배의 본질은 희생에 있고, 희생을 통하여 자기 완성에 이릅니다.

용기와 지혜

미국의 러시모어 산에는 큰 바위의 얼굴들이 있습니다. 첫째는 엄격한 성격을 지닌 워싱턴, 둘째는 명석한 두뇌의 제퍼슨, 셋째는 성자로까지 추앙을 받는 노예 해방자 아브라함 링컨, 그리고 넷째는 루스벨트 미국 제 32대 대통령입니다. 루스벨트는 20세기 미국의 기초를 세운 인물로 평가 받기에 그의 얼굴이 러시모어 산 위에 새겨진 것입니다.

그는 어린 시절 뉴욕 맨하탄의 부유한 최상류 집안 출신으로 약골의 유약한 인물이었습니다. 나약한 수도관같이 가는 다리로 휘청거리듯 걸으며 항상 기가 죽어 지냈습니다. 너무도 허약한 나머지 10대 불량소년들에게 저항 한 번 제대로 하지 못하며 왕따를 당하며 지내기도 하였습니다.

그러나 그는 모든 미국 대통령 가운데 가장 강인한 인물로 평가받습니다. 그는 자신의 유약함을 극복하기 위하여 육체노동을 마다하지 않았고, 몸과 마음을 강인하게 훈련하였다. 그는 스페인 · 미국전쟁 때에 쿠바에서 혁혁한 전공을 세운 러프 라이더 부대의 영웅적 리더가 되었고, 거친 서부의 존경받는 목장주로, 그리고 탐험가로 변신했습니다. 그는 유세 도중 총에 맞았어도 단에 올라가 연설을 다하는 강인함을 보여주었습니다. 그럼에도 전문가를 능가하는 자연에 대한 지식과 사랑으로 자연을 사랑하며 자연에서 쉼과 힘을 얻은 인물이었습니다.

역사가들은 루즈벨트를 루즈벨트로 만든 것은 첫째, 자기계발을 위하여 자기 내면과 외면의 두려움과 싸워서 이긴 용기였고, 둘째는 끝없는 독서를 통한 배움이었다고 합니다. 자신을 성취하고 보다 좋은 세상을 만들기 위해서는 용기가 있어야 합니다. 그리고 지혜가 있어야 합니다. 이를 위해서 기도와 독서가 필요합니다. 예수께서 제자들에게도 말씀하셨습니다.

"두려워 말라. 세상 끝 날까지 너희와 함께하리라."

칭 찬 과 격 려 의 힘

젊은이들의 인성개발을 위하여 평생을 바친 심리학자이며 교육자인 할 어반은 《인생 목적》이라는 책을 통해 자신의 교육 경험을 밝혀놓았습니다.

그에게는 서로 잘못된 점을 서로서로 지적하고 권면하며 도움을 주었던 좋은 동료가 있었다고 합니다. 그리고 또 한편 후에 만난 동료로서 팀이라는 선생님이 있었다고 합니다. 팀은 늘 좋은 말만 해주었는데, 이로 인하여 전에는 별로 관심을 두지 않았던 자기의 좋은 점을 볼 수 있게 되었고, 그것이 자기에게 큰 힘이 되었다고 합니다.

그런데 나중에 보니 먼저 오랫동안 사귀었던 비판을 해 주던 동료와는 관계가 끊어졌지만, 자신의 좋은 점을 격려해 주는 팀과는 30년이 넘도록 평생 좋은 우정이 지속되었다고 합니다. 그리고 늘 그 친구로 인하여 큰 힘을 얻었다고 합니다.

비판은 때로 필요하기도 하고 옳을지라도 효과가 짧을 수밖에 없습니다. 왜냐하면 비판은 수술과 같은 것이기 때문입니다. 항상 수술을 받는 사람은 없을 것입니다. 그러나 칭찬과 격려는 시간이 지날수록 더 큰 효과를 내며 그 영향력이 매우 길 수밖에 없습니다. 왜냐하면 칭찬과 격려는 수술이 아니라 체력을 단련하고 건강을 회복시키고 활력을 불어넣는 영양제요 산소와 같은 것이기 때문입니다.

사도 바울 선생님도 고린도후서에서 이렇게 말씀하셨습니다.
"마지막으로 말하노니 형제들아 기뻐하라. 온전하게 되며 위로를 받으며 마음을 같이하며 평안할지어다 또 사랑과 평강의 하나님이 너희와 함께 계시리라. 거룩하게 입맞춤으로 서로 문안하라."

일상이 피곤한 이유

일상생활에서 많은 일과 커다란 책임과 여러 사람과의 만남은 우리를 피곤하게 만듭니다. 그러나 좀 더 깊이 살펴보면 우리의 하루하루 삶에서 우리를 진정으로 피곤케 하는 것은 많은 일 때문만도 아닙니다. 막중한 책임감 때문만도 아닙니다. 많은 사람을 만났기 때문만도 아닙니다. 우리가 사는 일상생활을 지치고 피곤하게 하는 숨겨진 이유는 사랑하려 하지 않고 자신을 드러내려 하기 때문입니다.

진정한 사랑은 피곤한 영혼에 새 힘을 불어넣고 더 나아가 희생할 수 있는 데까지 이끌어 줍니다. 장기려 박사나 슈바이처나 마더 테레사가 일생을 지치지 아니하며 난관에 부딪쳐도 좌절하지 않고 헌신할 수 있었던 것은 아주 단순한 데 그 이유가 있습니다. 그들은 한결같이 사랑했기 때문입니다. 그리고 그분들은 기도를 통해 그 사랑의 힘을 얻어냈습니다.

또한 우리의 일상생활에 찾아드는 피곤함은 일을 하려 하지 않고 공을 세우려 하기 때문입니다. 물론 많은 일은 우리를 피곤하게 할 수 있습니다. 그러나 주어진 일 자체에서 보람을 얻고 삶의 의미를 얻으려고 일을 소중히 여기는 이는 쉽게 피로하지 않습니다. 쉽게 피로가 찾아드는 것은 일로 공을 세우려 하거나 일하지 않으려 하기 때문입니다.

이러한 이는 작은 일로도 쉽게 짜증을 내고 불평과 불만을 가지게 됩니다. 이것은 더 큰 피로와 스트레스를 불러일으킵니다. 그리고 일상에서 우리가 지속적으로 지치지 않고 여유와 힘을 가지려면, 웃어도 될 것을 따지며 헤아리지 말아야 합니다. 그리고 침묵해도 될 때에는 끝내 말하지 않는 여유로운 마음의 절제가 필요합니다.

말씀으로 거듭남

신앙인이란 거듭남에 대한 자기만의 체험과 간증이 있어야 합니다. 만일 이것이 없다면 하나님 앞에서 더 진실하게 자신을 돌아봄으로써 회개하는 은총을 입어야 합니다. 거듭남의 체험에 대한 월남 이상재 선생님의 이야기는 한국교회의 역사에 잊히지 않는 간증으로 남아 있습니다.

월남 이상재 선생은 정부 전복을 음모했다는 개혁당 사건에 연루되어 1902년 6월 한성 감옥에 투옥되었습니다. 독방 생활을 하던 선생님은 어느 날 너무 무료해서 독방 구석구석을 살펴보다가 마루 틈바구니에서 착착 접혀 있는 종이쪽지를 발견했습니다. 그것은 마태복음 5장 38절부터 48절까지 기록된 찢어진 말씀 조각이었습니다.

"눈은 눈으로 갚고 이는 이로 갚으라 하였으나 오직 나는 너희에게 이르노니 악한 사람을 대적하지 말라 누구든지 네 오른편 뺨을 치거든 왼편까지 돌려대며 너희 원수를 사랑하며 너희를 핍박하는 자를 위하여 기도하라" 는 요지의 말씀이었습니다.

이상재 선생님은 처음 이 쪽지를 읽고는 "좋기는 좋으나 안 될 소리!"라고 접어 버렸습니다. 하지만 반복하여 읽다가 이 말씀 조각에 마음이 흔들리기 시작하였습니다. "탁상공론이야. 그것은 실행 불가능해!" 하고 생각하던 굳어진 마음이 이윽고 "그렇게 할 수만 있다면!"으로 바뀌기 시작하였습니다. 하나님의 말씀이 마음을 뒤흔들어 놓은 것입니다. 선생님은 훗날 이렇게 고백하였습니다. "하나님의 말씀이 살아 움직였다!"

이것이 성령의 참 역사요 고귀한 은혜입니다.

말씀의 변화

이 하늘 아래 흘러가는 시간과 함께 생성소멸하지 않는 것은 없습니다. 아니 우리가 눈으로 보는 하늘조차도 생성소멸하고 있다는 것이 우주 물리학의 발견입니다. 우리의 삶도 변화하고 있는 것이요, 실은 변화하는 순간순간이 삶이라 할 수도 있습니다. 그러나 이 삶의 변화가 세월과 함께 성장하고 성숙하는 과정이어야 합니다. 적어도 육신은 나날이 쇠하여도 영혼 만큼은 성장하여야 합니다. 이러한 인생의 변화의 과정에서 가장 극적이며 값지고 훌륭한 것은 말씀을 통하여 변화되는 삶, 말씀을 통한 거듭남입니다.

어떤 이들은 단합대회라는 이름 아래 술을 마시며 떠들고 노래를 불러 새로운 마음과 새로운 관계를 가지려 합니다. 이는 가장 대표적인 세속적 방법입니다. 이는 결코 창조적이고 건설적인 것이 될 수 없습니다.

하지만 어떤 이들은 산행이나 좋아하는 운동이나 여행을 통해서 새로운 마음을 갖는 분들도 있습니다. 이는 참으로 권장할 만한 건

전한 방식입니다. 또 어떤 이들은 찬송가를 많이 부르며 기도함으로써 새로운 마음을 갖는 분들이 있습니다. 이는 건전할 뿐 아니라 신앙적이며 경건한 영적 방법입니다.

그런데 이 모든 것 가운데 가장 훌륭한 것은 말씀을 통한 변화입니다. 말씀을 통한 변화는 일시적 감정에 그치지 않기 때문입니다. 말씀을 통한 변화는 감정의 변화가 아니라 깨달음을 동반하는 것입니다. 그 말씀을 통한 변화는 개인적인 기준이 아니라 영원한 하나님의 뜻에 자신을 일치시키는 것이기에 인간이 택할 최고의 방식입니다. 또한 말씀을 통한 변화는 일시적으로 이탈하였을지라도 다시 그 말씀에 이르면 다시 거듭난 삶이 회복되어 새롭게 출발할 수 있게 됩니다.

운명으로부터 해방

영국 하트퍼드셔 대학의 심리학자 리처드 와이즈먼은 10여 년에 걸쳐 성공하여 행복한 인생을 보내는 사람과 실패만 반복하는 불행한 사람이 있는 까닭은 무엇인가, 그리고 불운한 사람이 자신의 운을 좋게 할 수 있는가에 대하여 연구하였습니다.

연구결과 그는 이런 결론을 내렸습니다. 성공하는 사람과 실패만 반복하는 불행한 사람의 차이는 '똑같은 기회가 와도 그것을 살려나가는 길이 다르다' 는 것이었습니다.

아울러 이런 결론도 내렸습니다. '미래는 불변이 아니다. 경험하는 행운의 양이 처음부터 정해져 있다고는 할 수 없다. 당신 스스로 바꿀 수 있다. 많은 기회를 스스로 만들어내고 제때 제자리에 있을 수 있는 기회를 현격하게 늘릴 수가 있다. 미래의 운은 당신 자신의 손 안에 있다.'

실로 그렇습니다. 그런데 사람들의 의식은 복합적인 이유로 인하여 운명론에서 벗어나 미래의 운을 자신의 손 안에 넣기가 어렵습니다. 이런 운명론을 깨고 행복의 자유로운 빛으로 인도함을 받는 운명 해방의 길이 바로 주를 믿는 믿음입니다.

미신이란 어두운 운명론에 마음과 손발이 묶인 상태를 뜻합니다. 반면 믿음이란 자신의 삶과 미래를 은총의 자유에 맡기는 것입니다. 이것이 참 믿음입니다.

예수께서는 불행의 쇠사슬에 매인 맹인과 앉은뱅이와 병자들에게 치유와 자유를 주었습니다. 이때에 예수께서 물으셨습니다.

"네가 낫기를 원하는가?"

이 말씀은 불행의 운명을 깨고 벗어나기를 원하는가 하는 물음입니다. 그리고 "예, 제가 원하나이다!" 하자 "네 믿음대로 될지어다!" 하였습니다. 예수께서는 불운 속에서 불행과 좌절의 운명에 포로가 된 이들을 행운으로 불러내고 계신 것입니다. 그리고 이러한 주께 믿고 응답하는 이에게는 행운과 행복의 빛으로 나오게 하시는 것입니다. 이것이 참 믿음의 세계입니다.

예수 없는 기독교는 가지고 가라

"성경에 있는 예수는 놓고 가고 당신들이 만든 기독교는 가지고 가라!"

이 말은 인도를 식민통치하였던 영국인들이 인도에서 철수할 때 간디가 던진 말입니다.

이는 영국 사람들이 예수의 이름으로 만들어 놓은 기독교가 예수께서 가르치시고 본을 보이셨던 것과 전혀 달랐다는 간디의 통찰이요 외침이요 저항의 목소리입니다. 예수와 다른 기독교라면 이는 예수교가 아닌 기독교요, 기독교가 아닌 우상입니다. 기독교에 예수가 없다면 이는 영혼이 없는 육체와 같이 죽은 것입니다.

영국인들이 가지고 온 기독교에는 수고하고 무거운 짐을 진 자에게 짐을 내려놓고 쉬게 하며 해방시켜 주시는 예수는 없었습니다. 이웃을 네 몸처럼 사랑하라는 인류 보편의 사랑은 없었습니다. 예수 가르침의 핵심인 가난한 마음, 깨끗한 마음, 의에 주리고 목마른 마음, 주린 자에게 먹을 것을 주고 목마른 자에게 마실 것을 주는 사랑의 손길은 없었습니다. 십자가를 지고 고통 받는 이들을 구원하는 예수가 없었습니다. 오히려 인도인을 야만인으로 취급하며 차별하고 종으로 만들었고, 인도의 땅에서 농산물과 지하자원을 수탈해 가는 착취를 눈감아 버리는 예수 없는 기독교만이 살아 있었습니다. 지배와 권력의 우상, 물질의 우상을 눈감아 주는 기독교 아닌 기독교를 심었던 것입니다.
"성경의 예수는 놓고, 너희들이 만든 기독교는 가지고 가라!"
이 말은 사실 지난날 영국인들만의 문제는 아닙니다. 교회의 역사와 함께 늘 던져야 할 질문입니다.

부정적 극단적 태도 극복

한 사람이 지니는 삶의 태도는 생각하는 과정과 감정의 반영이며, 이것을 곧 성격이라고 부르기도 합니다. 현이 팽팽해지면 소리가 나듯 사람의 성격은 긴장을 일으키는 갈등이나 위기가 찾아올 때 극명하게 드러납니다. 이때 습관적으로 부정적 태도를 취하는 경우가 있습니다. 이는 자신은 물론 주변 사람들에게도 나쁜 영향을 줍니다.

"그만 둬 버려!" "죽어 버리면 되지!" "알 게 뭐야!" "나가 버려!" "꼴도 보기 싫다! 내 앞에서 사라져 버려!" 이와 같은 관계를 잘라내는 극단적인 말을 일단 내뱉고 나면 삶은 심각한 위기를 맞게 됩니다. 관계가 파괴되고, 정상적인 자기 역할이 마비되어 버립니다. 혈압이 오르고 심장이 뛰며 몸과 마음에 이상이 찾아오게 됩니다.

하지만 이런 부정적 감정의 반응도 충분히 극복될 수 있습니다. 아주 효과적인 방법은 앞날에 대하여 나쁜 일이 일어날 것이라는 부정적 극단적 상상을 하지 말아야 합니다. 아직 일어나지도 않았을 뿐 아니라, 해결의 길도 있을 텐데 부정적인 결과가 올 것이라고 믿어서는 안 됩니다. 영혼이 부정적 태도의 굴레에서 빠져 나와야 합니다.

이런 부정의 굴레의 가장 깊은 바닥에는 죄책감, 자신은 벌을 받아 마땅한 사람이라는 정죄 의식, 또는 지난 날 성장과정에서 정죄 받은 깊은 상처를 벗어나지 못한 기억들이 자리하고 있습니다. 이런 것을 확인하고 꺼내어 하나님의 은혜와 자비를 구하면 해결됩니다. 그러면 하나님께서는 나를 돌보신다, 하나님께서는 나와 함께하여 주신다는 믿음이 자리하게 됩니다. 이러한 믿음에 이르게 되면 우리를 저주처럼 사로잡고 있던 부정적이며 극단적인 감정의 굴레에서 벗어나게 됩니다. 이것이 믿는 자만의 특권이요, 거듭난 이가 누리는 자유요 평화요 은혜입니다.

인간의 진정한 영혼의 가치는
고통을 극복함으로

몇 해 전 세계 미술계에 큰 사건이 하나 있었습니다. 그것은 렘브란트의 작은 성화 한 점이 우리 돈으로 약 25억 원(2,580만 불)에 팔린 일입니다. 뉴욕타임지는 '도저히 믿을 수 없는 가격'이라고 보도하였습니다. 이 작품명은 〈위대한 사도 야고보〉였습니다.

그런데 이 작품은 다른 렘브란트의 작품이 주로 보여 주는 화려한 빛의 예술은 전혀 없고 갈색 계통의 색으로 칠해져 있습니다. 그리고 사도 야고보의 모습은 걸어 놓았을 때 벽을 화려하게 장식할 만한 내용이 아닙니다.

깨끗하지 못한 긴 턱수염, 제대로 다듬지 못해 헝클어진 머리칼, 야위고 핏기 없는 얼굴, 지저분한 목 주변의 색 바랜 속옷까지 당시 어디서나 볼 수 있을 남루하고 가난한 사람의 모습입니다.

그런데 무엇 때문에 이 시대에 이런 작품이 큰 값에 팔린 것일까요. 그것은 한 인간의 외형적 남루함과 현실이 구차함에도 불구하고 그 인물에게서 퍼져 나오는 '마음의 빛'이 있기 때문입니다. 남루한 모습과 극명한 대조를 이루며 마음의 빛은 화려함 없는 찬란

함으로 드러나고 있기 때문입니다. 그것은 바로 두 손을 모으고 기도하는 손과 그 얼굴의 표정입니다. 이 모습은 세상의 고통과 가난과 핍박에도 불구하고 거룩함과 내적 평화를 갈구하는 거룩한 열망으로 빛나고 있기 때문입니다.

삶은 결코 물질적 풍요를 통하여 인간의 진정한 영혼의 가치를 드러내지는 못합니다. 인간의 존귀함이란 현실의 고통과 가난과 어려움이 닥치더라도 이를 이겨내는 믿음의 힘, 꺼지지 않은 영혼의 불꽃을 통하여 입증되는 것이기 때문입니다. 이는 진실한 신앙인으로 살고자 하였던 렘브란트의 마지막 모습이기도 하였습니다.

이는 물질의 풍요 속에서 인간 자체가 소외되고 도구화 되는 물질만능의 시대에 믿음과 영혼의 가치를 다시 찾고자 하는 시대의 갈망이 이 작품을 고가의 값으로 아이러니를 연출한 것이 아닌가 합니다. 마음이 가난한 사람, 깨끗한 사람, 의에 주리고 목마른 사람이 천국에 이를 것입니다.

플라시도 도밍고의 큰 사랑

현대 최고의 성악가를 꼽으라고 하면 플라시도 도밍고와 호세 카레라스를 빼놓을 수는 없을 것입니다. 이 두 성악가는 공교롭게 모두 스페인 출신입니다. 그런데 플라시도 도밍고는 스페인 마드리드 출신이고, 호세 카레라스는 카탈로니아 출신입니다. 공교롭게도 카탈로니아는 마드리드 지배 하의 스페인 식민통치에서 독립투쟁을 하고 있습니다. 이런 이유로 두 성악가는 정치적인 면에서 도저히 함께할 수 없는 적이었습니다.

그러던 1987년, 명성을 날리던 중 카레라스가 백혈병에 걸려 육체적으로나 경제적인 면에서 파탄에 처하고 말았습니다.

이때 카레라스는 마드리드에 있는 허모사 병원이 백혈병 전문병원이라는 소식을 듣고 찾아가게 됩니다. 그리고 병원의 도움으로 무료 치료를 받고는 기적적으로 건강을 회복하게 되어 다시 무대에 서게 되었습니다. 후에 카레라스가 허모사 병원에 은혜를 갚고자 알아 보니 이 병원의 설립자가 바로 그의 라이벌 플라시도 도밍고였습니다. 뿐 아니라 그 병원을 설립하게 된 동기가 도밍고가 카레라스를 돕기 위한 것이었습니다. 이 같은 사실을 감춘 것은 카레라스가 치료를 거절하지 않도록 하기 위한 것이었습니다.

이 일로 깊은 감동을 받은 카레라스는 마드리드에서 열린 도밍고의 공연장에 찾아가 관객이 보는 앞에서 도밍고에게 무릎을 꿇고 감사의 뜻을 전했습니다. 그리고 지난날의 잘못을 용서해 줄 것을 청했습니다. 도밍고는 카레라스를 일으켜 세우며 힘껏 끌어안았습니다. 그 두 사람은 영원한 우정을 가지게 되었습니다.

용서와 관용, 보이지 않게 하는 적극적 선행이 우리의 삶을 진정으로 아름답게 창조하는 것은 오른손이 하는 것을 왼손이 모르게 행하는 선행과 용서와 관용입니다.

하나님의 심판에 대한 묵상

하나님께 대하여 불신앙적이고 사람들에 대하여 거짓되고 떳떳하지 못한 일을 하며 사는 사람들이 가장 싫어하는 말이 있습니다. 그리고 인본주의적인 현대 지성인들이 가장 싫어하는 말이 있습니다. 그것이 바로 '하나님의 심판' 입니다.

이러한 이들은 하나님의 진노라는 개념을 골동품 가게나 박물관에 넣어 버리고 싶어합니다. 유효기간이 끝난 상품처럼 취급하고 싶어합니다. 하나님을 인간의 지혜로 박제화하여 이론과 학문의 책 속에서나 찾아볼 수 있도록, 책에서 나오지 못하게 넣어 버리고 싶어합니다. 바울은 이에 대하여 이렇게 말합니다.

"사람들은 스스로 지혜가 있다고 주장하지만, 실상은 어리석은 사람이 되었습니다."

인간은 양심이 있기 때문에, 누구나 자신이 저지르는 불의에 대하여 깊은 죄책을 가지고 삽니다. 그래서 행위에 대한 대가를 받을 것에 대한 양심의 고통을 피할 길이 없습니다. 그래서 자신의 양심을 무디게 하고자 술을 마시고 책임을 회피할 일을 만들어냅니다.

지성적 능력을 갖춘 훈련된 머리를 가진 사람들은 적극적으로 무신론적 이론들을 만들어 세상에 퍼뜨리고 있습니다. 게다가 믿음 없는 신학자들도 있는데, 이들은 거짓된 이론으로 하나님의 진노와 심판을 지성의 연막 속에 빠지게 하여 보이지 않게 만들어 버립니다.

이러한 이들은 믿음 있는 이들의 경건한 생활이나 선을 행하고 모범적으로 사는 사람들을 훼방하고 조롱하며 삽니다. 그리스도인들을 보고 무미건조하고 비인간적인 사람들이라고까지 말합니다. 이러한 행동들이 바로 로마서 1장 21절에 나오는 말씀, '사람들은 하나님을 알면서도 하나님을 하나님으로 영화롭게 해드리거나 감사를 드리기는커녕 오히려 생각이 허망해져서 그들의 지각 없는 마음이 어두워졌 기에' 일어나는 현상입니다.

하나님의 진노는 깊이 생각해 보면 하나님께서 이 세상을 유지하고 복되게 하는 지극한 관심이요, 섭리이기도 합니다. 우리는 예수 그리스도를 통하여 죄책감을 씻고, 일시적인 죄의 유혹을 떨쳐 버리기만 한다면 전혀 다른 세상에서 살아가게 될 것입니다. 누가 어떻게 하든지, 우리는 경건하고 의로운 삶을 버려서는 안 됩니다. 그리스도인의 향기를 내며 살아야 합니다. 하나님은 속일 수 없는 분이기 때문입니다.

주인의 손에 들어가지 않은 책과 인생

어느 출판사에서 겪은 일입니다. 어느날 정리해보니 20년 동안 팔리지 않고 지하 서고에 쌓여 있는 책이 24만 권이나 되었습니다. 이것은 큰 문제가 되었습니다. 왜냐하면 그 값진 책이 읽히지 않고 창고 먼지 속에서 썩고 있으니 그것이 얼마나 아까운 일이겠습니까? 값으로 치면 근 20억 원씩이나 되는 재산을 묵히고 있으니 그 얼마나 큰 재정적 손실이겠습니까? 그 회사 건물은 당시 평당 오백만 원 이상이나 되는 임대료를 받는 곳이니 그 창고 비용이 얼마나 큰 손해이겠습니까? 종합적인 검토 끝에 결국 그 값진 책들을 폐지로 처분하고 말았습니다.

어째서 책이 폐품이 되고 만 것입니까? 독자들의 손에 들어가지 않았기 때문입니다. 주인의 손에 들어가 읽힐 수 없었기 때문입니다. 값진 책으로 태어났지만 주인의 손에 들어가 읽히지 않은 책! 그것은 제 아무리 높은 사상을 담고 호화장정을 한 것일지라도 폐지에 지나지 않게 됩니다.

태어나긴 책으로 태어났으나 폐지일 뿐이었습니다.

우리의 인생은 어떻습니까? 마찬가지입니다.

주인의 손에 들어가 값지게 쓰여 지지 않는 인생! 그것은 폐지 처분되는 책과 같습니다. 인간이 비록 하나님의 형상대로 지음 받은 값진 존재일지라도 그 존재의 주인이신 하나님의 손에 붙잡혀 쓰이지 않으면 그 존재는 뼈에 살점이 붙은 육체일 따름입니다.

그러한 인생은 살았어도 산 것이 아닙니다.

주인의 손에 들어가지 않은 책은 책으로 태어났지만, 폐지로 처분되는 것처럼 사람의 탈을 쓰고 태어났어도 창조주시며, 진리이신 주의 손에 들어가 그분 뜻에 따라 쓰이지 않는다면 삶이 끝나는 날 폐기처분되고 마는 것입니다. 사람으로서 태어났을지라도 우주를 운행하시는 분의 손에 들어가, 우주적인 뜻에 참여하여 거룩한 사랑의 도구가 되지 않는 한, 그 인생은 백년 만년 살았어도 결국 산 인생이 못됩니다.

'그러므로 형제들아 내가 하나님의 모든 자비하심으로 너희를 권하노니 너희 몸을 하나님이 기뻐하시는 거룩한 산 제물로 드리라. 이는 너희가 드릴 영적 예배니라. 너희는 이 세대를 본받지 말고 오직 마음을 새롭게 함으로 변화를 받아 하나님의 선하시고 기뻐하시고 온전하신 뜻이 무엇인지 분별하도록 하라.' (롬 12:1~2)

기독교적 영성수련과
말씀으로 거듭남

영성수련은 모든 신앙인들에게는 필수불가결한 것입니다. 우리의 삶은 한 순간에 완성에 이르는 것이 아니라, 영적으로 성장하는 과정이며 하나님께 혹은 천국에 이르는 순례의 길이기 때문입니다. 순례란 삶 속에서 경험하는 행복과 불행, 성공과 실패, 환란과 평안, 고통과 쾌락, 만남과 헤어짐을 통과하면서 하나님의 뜻에 맞추어 자기를 연단하고 정화시키면서 믿음을 자라나게 하는 과정을 뜻합니다. 그리스도 안에서 죽고 다시 태어나는 새로운 피조물이 되는 과정이기도 합니다.

그런데 이러한 과정에서 우선 중요한 것은 자신을 성찰하며 마음을 가난하게, 마음을 깨끗하게, 마음을 살아 있게 하는 일이 대단히 중요합니다. 하지만 말씀에 대한 깨달음을 통하여 거듭나는 일과 말씀대로 행하는 실행이 없으면, 이것은 단순한 수양생활에 지나지 않습니다. 그것은 기독교적 영성수련이라 할 수 없습니다. 기독교적 영성수련은 단순히 마음의 수양에 머무는 것이 아니라, 반드시 말씀에 부딪혀 깨달음을 얻어야 합니다. 그리고 이와 함께 옛 자아가 붕괴되어 새 사람이 되고, 마침내 말씀대로 감행하는 행함이 있어야만 합니다. 그래야 거짓된 가르침이나 감상주의, 그리고 이단에 빠지지 아니하며 참된 기독교적 영적 성숙을 이루게 됩니다.

우리나라에 복음이 처음 들어왔을 때, 강화읍에 살던 김씨 부인의 이야기입니다. 그는 80세의 고령으로 가족도 친척도 없이 종 하나만을 부리며 살았습니다. 그는 성경을 읽다가 말씀 속에서 주인은 오직 한 분, 하나님뿐이며 우리 모두는 한 형제자매라는 것을 알게 되었습니다. 그러자 그는 교회 식구들과 자신의 종 복섬이를 불러 놓고 모두 앞에서 종 문서를 불태웠습니다. 그리고 "이제부터 너를 내 종으로 알지 아니하고 딸로 아노라."고 선언했습니다. 기독교의 참된 영성생활, 참 믿음은 이렇게 말씀에 부딪혀 옛 생활을 청산하고 말씀대로 삶을 감행하는 것이요, 이렇게 되도록 마음을 닦고 성찰하고 준비하는 것입니다.